你有多重要，
我怎麼失去了
才知道。
網路小說人氣作家
Sunry——著

當年的求不得，是我這輩子無法完成的夢，
因為遙不可及，便錯以為遠在天邊的最美。
但我後來才明白，最好的，其實早已經在身邊了。

我始終記得，在那段情竇初開的歲月裡，我們總是喜歡談論愛情，憧憬愛與被愛的甜蜜。

十七歲是人生最美的年紀，介於蛻變與逐漸豐盈的階段，然而在我美麗的十七歲，愛情的那頁詩篇卻是一片空白。

於是，期待愛情的我們只好不斷談論那些關於愛與被愛的冀望，幻想有一天，自己的王子能跳下馬，握著我的手，溫柔地陪我填滿那些空白的頁面，用他滿滿的愛，豐富我的愛情詩篇。

十七歲的我，希望能擁有無敵的愛情，並且堅執地相信，在這個世界上，必然有一個屬於自己的真命天子，靜靜地在某個角落等待時機與我相遇，他會填滿我未來所有生命的每一個音符，為我的人生繪出美麗的色彩，與我幸福地走過漫長的歲月，直到生命的盡頭。

「我只希望我的王子能開著法拉利來接我，愛情不用太長久沒關係，只要在我很愛他的時候，他也是百分之百地愛我，那就好了。」

十七歲的林誼靖彎起她那對愛笑的眼，輕聲說著。

「沈珮妤，妳呢？」

「我只要能跟江瑞志就這樣牽著手，一直一直走下去，那就好了。」

沈珮妤揚著幸福笑容，她是我們裡面最早談戀愛的人，男朋友還是她的青梅竹馬。

一直一直走下去，也許這就是最美的愛情，走到生命的盡頭，愛到心臟停止跳動那一秒，在有生之年，只要能夠燃盡生命所有熱情去愛一個人，或許，這就是所謂的天長地久。

Chapter 1

關於自己喜歡的那個他

我已經好幾天沒有好好睡覺了，一個星期下來，真正躺在床上睡著的時間，十根手指頭都算得出來。

「去休息一下吧！再這樣下去，妳會累出病來的。」

當梁祐承拎著一袋子的菜出現在我家門前，看見我頂著一張蒼白的臉和佈滿血絲的眼睛，外加眼旁兩圈深深的黑眼圈時，他微微皺了皺眉，就像平時我闖禍製造麻煩給他收拾時那樣。

「我其實快寫完了，只差結尾跟潤稿，明天中午以前一定要交出去，那是之前跟公司說好的。」

我一面說，一面努力揚起笑，試圖讓眼前這個男人寬心。

梁祐承摸摸我的頭，擔憂地說：「沒有人叫妳這麼拚命，搞壞身體多不值得。」

「哎唷，沒事啦。」

我笑著，挨到他身邊，勾住他的手臂，把頭靠他的臂膀上，輕聲說：

「是我自己喜歡的工作嘛，哪有拚命？頂多只能算是盡心盡力囉！而且只要明天把稿子交出去，我就可以好好休息啦。你不用擔心，身體是我的，我當然會好好照顧它，不會讓它有機會造反的。」

梁祐承勾起食指，輕輕敲了我的額頭兩下，依然是十分憂心的神情，他安靜地凝視我片刻，才又皺著眉說：「明明就是個讓人擔心的傢伙，叫別人怎麼放心呀！」

「你才不是別人。」我撒嬌：「你是梁祐承耶，所以你對我可以百分之百地放心，我知道你可以的。」

「又跟我咬文嚼字了。」梁祐承被我逗笑，唇際揚起一抹笑：「少來這一套！」我皺皺鼻，低下頭瞧瞧他拿在手上的塑膠袋，好奇著：「幹嘛買這麼多菜？」

「煮給妳吃呀！大小姐。」梁祐承熟練地從鞋櫃裡拿出室內拖鞋換上，拎著那一袋食材走向廚房，邊走邊說：「怕妳趕稿只吃泡麵會營養不良，所以買了豬肝跟菠菜來，打算幫妳補補血，還去市場買了些雞肉，等等煮香菇雞湯跟咖哩雞飯慰勞妳。」

「哇！」我跳起來，衝過去攬住梁祐承的脖子：「你為什麼對我這麼好呀？我就知道我前輩子一定是個大善人，做了一堆好事，老天爺才會在這輩子賞我一個這麼溫柔又貼心的男朋友，對不對？」

「又來了！」梁祐承聽我這麼說，不禁失笑：「花言巧語。」

「哪有哪有？」我扁著嘴，認真回他：「我是實話實說。」

「別跟我抬損，趁我在廚房處理食材，妳趕快去睡一下吧，等飯煮好了，我會叫妳。」

「其實我不累……」

「乖，聽話。」梁祐承用雙手輕拍我的臉頰，看著我：「去睡一下吧，妳看起來都快變成鬼了。」

「喂！」本來以為他會說出什麼感人肺腑的情話，想不到居然是一句鬼話，我忍不住掄起拳頭，一拳擊向他的肩窩：「我超美麗的好不好？你沒聽過認真的女人最美麗嗎？」

「我只知道，睡眠充足的女人才會真正美麗。」梁祐承把我推到房間門口，叮嚀著：「所以，妳快點去補眠吧！」

拗不過他，我只好乖乖躺在床上，閉眼之前還不忘提醒他一定要記得叫我起床，別讓我睡太久，在截稿之際，我的時間是分秒必爭的。

我原本是一名業餘作家，寫過幾本不算十分火紅，但仍能擠上書店暢銷排行榜的小說，一直到這兩年，接觸到「微電影」，寫了一部具有話題性的短篇劇本，被拍成微電影播放後，一夕爆紅。

爆紅後，我被目前的經紀公司簽下來，成了微電影的固定編劇，一年至少要寫五至八部以上的劇本，這才辭掉原本的工作，正式投入這個需要專心創作的領域。

微電影劇本的字數通常不會太多，整部戲劇大約十幾分鐘，長一點的也不超過一小時，但劇情跟表達方式要求簡短精美、別出心裁，所以在編寫的過程中，常常要花比寫長篇小說還要多的心思。

梁祐承雖然從沒開口批評過我的工作，但每次當我開工，寫得沒日沒夜時，他總是會用心疼的眼神看著我，好像擔心我會突然過勞死一樣。

但其實我很喜歡自己的工作。

尤其是當自己嘔心瀝血的作品被拍攝出來，用電影的方式陳述我想要表達的故事情節時，那是一種無法言喻的成就感。

梁祐承雖然明白我對文字的眷戀與堅持，但他更希望我在工作之餘，也能夠擁有充足的休息。

可是，靈感這種東西是讓人很難捉摸的，我的靈感總是喜歡在夜深人靜時跑出來敲我的腦門，所以我真正的工作時間通常是入夜以後。

「妳這樣生理時鐘會亂掉啦。」有一次，梁祐承拿了一張影印的身體排毒時間表，告訴我關於身體五臟六腑排毒的時間。

我雖然能明白他的苦心，但總覺得自己還年輕，那種養生的日子就等年紀更大點再說吧！

梁祐承無法苟同我的說法，但他本來就不是會強迫別人的人，看我那麼堅持，他也只能嘆息接受。

一樣是創作人，我倒是很佩服梁祐承從來不熬夜，每天最晚會乖乖在十一點以前上床睡覺的生活作息。

梁祐承是個漫畫家，我認識他的時候，只知道他喜歡畫畫，也知道他很有繪畫天分，卻從來沒想過，日後的他會把畫漫畫這項嗜好當成工作；他對畫畫的堅持，比我對文字的眷戀還要深，我會走上創作這一途，多少也受了他的影響。

只是我的運氣似乎比他好，成名的速度比他快，創作的路上，幾乎也是一帆風順，並沒有遇到太多阻礙。

但我相信梁祐承一定會紅，有一天，他一定會變成十分搶手、十分火紅的漫畫家。

「你要相信，你不是不會畫，而是你還在累積你的能量，有一天，當你的能量累積到一定程度，你就會用力釋放，然後大放異彩。」

我總是這麼鼓勵梁祐承，雖然每次我這麼說時，梁祐承都不發一語，但從他的眼神裡，我能看出他信心恢復的光采。

有一天他一定會變得很紅很紅，然後人家不會再說他是魏蔓宜的男朋友，而是會指著我說：「她就是梁祐承的女朋友。」

我是梁祐承的女朋友。我總是這麼跟別人介紹我自己。

我不知道自己睡了多久，當我醒來時，看見梁祐承正坐在我房間的小沙發上，幫我整理這幾天我洗好晾乾，卻始終沒有時間摺好放進衣櫥的乾淨衣服。

「醒啦？」

聽見我翻身的細微聲響，梁祐承轉頭過來，看見我睜著眼睛看他，便朝我笑了笑。

「衣服你放著吧，我明天就可以整理了。」

讓男朋友幫自己摺衣服，雖然讓人有油然而生的幸福感，但總覺得他的手是用來畫畫，不是用來做家事的。

除了烹飪！

梁祐承是個喜歡下廚的男人，他說，心情不好的時候，只有烹飪可以讓他忘記所有的煩惱，在烹煮的過程中，他偶爾還能找到漫畫的故事靈感。

真是個奇怪的論點！

我跟他倒是不一樣，他是在烹飪的過程中找靈感，我則是在吃他烹調好的食物中找靈感。

相得益彰啊！

「沒關係，我快整理好了。」梁祐承毫不介意地笑著：「妳要不要起來洗把臉，準備吃飯了？」

「好。」我一面起身，一面又好奇地問：「我睡了很久嗎？」

「還好。」梁祐承仍然笑著，摺衣服的雙手也依然忙碌著，「見妳睡得熟，就想說讓妳多睡一會，本來打算整理好衣服再叫妳起來吃午餐，妳自己就醒了。」

我瞄了一眼桌上的鬧鐘，已經下午一點半了，原來我睡了這麼久！

果真是累了，明天交了稿後，我一定要來大睡特睡個兩天，還要把電話線拔掉、手機關機，什麼人來找，我都堅持不開門，就算天皇老子也一樣。

嘴裡嚼著梁祐承用心煮的超有愛咖哩飯，我的腦袋還不停地運轉著，總想著這次劇本的結尾應該要有什麼爆點才好，或許前面也應該加段伏筆，這樣劇本的張力跟吸引力才足夠。

「又在想什麼？」

大概是見我吃飯不專心，梁祐承勾起右手食指，敲了我的額頭兩下。

「哎唷，很痛耶。」我摀著額頭，皺起眉看他。

「連吃飯也不專心。」梁祐承拿起湯勺，從桌上的陶瓷鍋裡舀出一大塊紅蘿蔔，放進我碗裡：「多吃點，保護妳的眼睛。」

「根本就是沒任何根據的論點。」我把頭埋進碗裡，聽話地咬著紅蘿蔔，又不甘心地低聲碎碎唸。

「又在講我什麼壞話？」

梁祐承瞇起眼盯著我，這人的耳朵倒是靈敏。

「沒有沒有。」我連忙賠笑，把唇際的弧線拉得大大的，又歪頭裝可愛：「我哪有說你壞話啊？我只是說，你煮的這鍋咖哩飯未免也太好吃，下次教教我怎麼煮吧。」

「少來！」梁祐承正眼瞧也不瞧我，拿起我的湯碗幫我盛好湯後，又拿起他的湯碗，邊盛湯，嘴裡邊叨唸著：「妳之前不是老說油煙味吸多了，會引發肺癌嗎？」

「那是懶惰的說詞嘛。」我繼續賠笑：「可是為了你，我打算發憤圖強，沈珮好說，為自己心愛的男人下廚，煮一頓飯給他吃，也是愛的表現呀。」

聽見我的話，梁祐承略微怔了怔，隨即拿起湯碗喝了一口湯，才若無其事地說：

「她的話妳聽聽就好，她也是那種不可能為愛情彎腰的人。」

「你幹嘛這樣講她？」我馬上不服氣地嘟起嘴，幫沈珮妤反駁：「她只是上一段感情傷她太深，又還沒有遇到下一個對的人，才不是不可能為愛情彎腰的人呢！而且，再怎麼說，你是她學長，這樣批評她，是不是太不道德了？」

「好啦，說說而已，妳的反應未免也太大了吧！妳呀，這種重朋友的個性到底要怎樣才能改掉呢？也不是說不好，但有時候實在沒必要為朋友太強出頭，得罪多少人都不知道，女生就是要學著多為自己想、多愛自己一點。」

「知道啦。」

雖然還是有些氣惱梁祐承那樣批評沈珮妤，不過在這個節骨眼上，我知道不應該跟他起爭執。

爭吵只會影響到我接下來的工作跟心情，太得不償失了。

「別臭著一張臉。」

見我嘟著嘴，鼓著腮幫子，梁祐承放下手上的碗筷，伸過手來，捏了捏我的臉頰，笑笑地對我說：

「知道我常叨唸，妳聽得都膩了，但唸妳是為妳好，想要妳多愛自己一點，別老把自己的時間都給了工作跟朋友，卻總是沒留點時間好好寵愛一下自己。」

梁祐承的話，聽著聽著，我就笑了。

拍掉他捏住我臉頰的雙手，我說：

「哪來的廣告台詞？你唸得倒是挺上口，完全不會跳針啊。」

「妳其實可以考慮把這些話寫進劇本裡，我不介意。」

「好啊，哪天有需要，我一定不會客氣。」

梁祐承盯著我的臉看了幾秒鐘，搖搖頭，嘴邊憋不住笑意地說：

「伶牙俐嘴，就只會欺負我，對自己的朋友倒是掏心挖肺地守護著，真不公平！我看我也來當妳的好朋友好了，這樣才能被妳保護。」

「才不要！」我又嘟起嘴，裝可憐地瞅著他：「一堆人要我保護，那誰要保護我？」

「好啦！我說不過妳。」見我一副可憐樣，梁祐承又敲敲我的頭，一副沒轍的樣子：「妳就繼續快樂地去維護妳的世界和平，我就繼續苦命地當一個守護女超人的可憐蟲，這樣好嗎？」

「耶！」我高舉雙手歡呼：「就知道你對我最好了！」

「知道我對妳好還不夠，妳也要對自己好一點才行。」

「知道知道了，梁爸爸。」

每當梁祐承又要開始嘮叨時，我就會戲稱他「梁爸爸」。

一開始梁祐承不懂我為什麼要這麼叫他，後來才知道我是在暗指他愛瞎操心，像個擔心女兒會被人欺負的爸爸一樣。

「乖女兒，妳要乖乖的，爸爸才不會擔心呀。」

梁祐承摸摸我的頭，一本正經地說。

只是被他這一說，我就忍不住笑場了。

「幹嘛搞笑啊你！」我摀住嘴，完全止不住笑意。

「妳愛演，我就陪妳演啊。」他依然是那副正經八百的模樣。

我看著他，突然覺得自己好幸運，能夠遇見一個這麼棒的人，可以這樣包容我的一切，可以用他澄澈的眼眸看著我，努力地縮小我的缺點，放大我的優點，讓我覺得自己也是一個很棒的人……這些快樂與滿足只有他能給，也只有他願意給。

「欸，雖然已經說過幾萬遍了，但我還是想讓你知道，我……真的很愛你。」

我站起身，隔著餐桌，把嘴附在他身邊，用說祕密的方式，輕聲地、溫柔地、真心地對他說。

很難得的，我遇見你，然後我們用愛灌溉彼此的心靈，讓心更饒富了。

梁祐承跟我第一次見面的地點，是在我跟林誼靖一起幫沈珮好慶生的餐廳裡。

那年，還是大二學生的我們吃不起太高檔的料理，但為了幫沈珮好慶生，我跟林誼靖硬是省吃儉用了大半年才終於存下幾千元，帶沈珮好去她一直想去的法式餐廳慶生。

那時沈珮好已經跟她那位青梅竹馬分手了，而那間法式餐廳，是他允諾在她生日時要帶她去，卻在分開後，由林誼靖跟我幫他履行諾言。

本來林誼靖無法苟同我說要請沈珮好去那間法式餐廳的想法，她總覺得這樣會勾起沈珮好不好的回憶，讓她觸景傷情。

「妳沒聽過浴火重生嗎？總是要讓她鼓起勇氣去觸碰那塊最痛的角落，她才能試著練習堅強起來呀。」我說。

「就算要浴火也不應該選那間餐廳呀！它光一份套餐就比我一個月的伙食費還要貴了耶。」

林誼靖扁起嘴，無限委屈地看著我：

「本來我還想買一個包，好好犒賞我自己呢，那個專櫃搭配百貨公司週年慶，現在正在特價呢，我留意那個包好久了，才想要衝去買，妳就來告訴我要幫沈珮好慶生這件事，還是選在那間貴死人又吃不飽的法式餐廳！」

「送禮本來就要送到心坎裡嘛。」

我笑嘻嘻地攬住林誼靖的肩，說：

「她之前就一直想要去那間餐廳吃飯，妳也知道，那種餐廳講究的本來就是氣氛而不是飽實感，偏偏當初答應要帶她去的江瑞志現在跑得不見人影，妳想，身為好姊妹的我們，難道不應該想辦法一圓她小小的夢想嗎？」

「這個夢想哪是小小的？明明就很大，而且很噬血，一下子就會把我們的荷包榨光。」

林誼靖小聲地抱怨著，不過她那個人就是這樣，刀子嘴豆腐心，嘴上老愛唸一唸，唸完，還是會無條件地為朋友兩肋插刀。

於是，在沈珮妤生日那天，我跟林誼靖硬是拖著不肯花我們太多錢，還提議乾脆去夜市吃牛排慶生就好的沈珮妤到那間法式餐廳吃飯。

「如果把我當姊妹，就不要再抗拒。」

站在餐廳門口，我跟林誼靖一人一邊，拉住沈珮妤的手，不讓她有逃跑機會。

面對不斷掙扎低叫著「這間餐廳太貴了，我們換別間餐廳啦」的沈珮妤，我神色肅穆地對她說。

「要是妳不進去，以後就不要來找我，我們乾脆切八段好了。」林誼靖則很幼稚地威脅她。

身陷可能會同時失去兩個好朋友的致命危機，沈珮妤只好妥協，乖乖地跟著我們走進餐廳。

老實說，法式餐廳的餐點還真的不合我們這些窮學生的胃口！

「我覺得我們老家菜市場裡的肉燥飯都比這個好吃。」

當林誼靖提出她的感想時，我跟沈珮妤都忍不住拚命點頭。

「雖然說是吃氣氛的，但這些東西的量未免也太少了吧！」我接著補充，表達心裡小小的不滿：「等等回宿舍，我恐怕還得吃一碗泡麵才行。」

始終安靜的沈珮妤則露出愧疚的神態：「對不起，都是我……」

「跟妳有什麼關係？明明就是魏蔓宜自己想來，所以假藉妳生日之名，硬拉我們兩個人來作陪，都怪她！」

林誼靖打斷沈珮妤的話，指著我，又對我擠眉弄眼，我會意過來，連忙接口：

「幹嘛這樣！人家也是沒來過這種餐廳，才想要來吃吃看，感受一下浪漫的氣氛嘛。」

沈珮妤怎麼會不明白我這麼說的用意，她看看我，又看看林誼靖，說：「有妳們兩個人，真好。」

她話才說完，林誼靖跟我都還來不及感動，身後就有人出聲叫她的名字。沈珮妤回頭瞧了瞧，毫不熱絡地朝那個人點點頭，馬上端正身子，低頭繼續跟她盜盤裡的小羊排奮戰。

倒是那位叫她的男生很熱情地特意走到我們桌邊跟她打招呼。

「今天怎麼會來這裡吃飯？」他問，一臉笑嘻嘻。

「聚餐。」

沈珮妤連頭也沒抬，聲音冷冷的。

「我在這裡打工，等等妳們要結帳時，跟我說一聲，我用員工眷屬的身分請經理幫妳們打折。」

「不用了……」

不待沈珮妤把話說完，林誼靖趕忙接話，笑容可掬地說：

「這怎麼好意思呢？不過如果你堅持，我們也不反對啦。」

那男生聽見林誼靖這麼說，才終於把目光從沈珮妤身上移到林誼靖臉上，看了一眼，又瞧著沈珮妤，還是一臉燦爛的笑：「沈珮妤，這兩位是妳朋友？」

「是高中同學，姊妹淘，一輩子的死黨。」林誼靖熱情地補充。

「喔。嗨，妳們好，我是沈珮妤的學長梁祐承，我在這間餐廳打工，歡迎妳們有空常來，只要是我有上班的日子，我就能幫妳們爭取到員工眷屬的優惠折扣價格。」

梁祐承很有禮貌地跟我們打招呼，他笑得陽光的臉龐十分吸引林誼靖的目光，當然，我也覺得眩目，就只有沈珮妤完全不當一回事，依然故我地吃著她眼前的餐點，臉上一點笑意也沒有。

「欸，妳幹嘛呀？人家都過來打招呼，又笑得那麼帥氣，還答應要給我們折扣，妳好歹也敷衍他一下嘛，臭著一張臉是怎樣？是怪人家不給妳暗戀的機會唷？」

梁祐承才一離開，林誼靖急驚風的個性馬上展露出來，她拉下臉瞪著沈珮妤，哪壺不開提哪壺地開始數落。

我急忙從桌子下方用鞋尖踢踢林誼靖的腳，要她住嘴，這傢伙又不是不知道沈珮妤還在失戀療傷期，竟然還講這種話！

林誼靖大概也自覺失言，轉頭看了我一眼，又看看一直沉默的沈珮妤，嘆了一口氣，說：

「欸，玩笑話妳別當真啊！不過我說啊，妳這失魂落魄的時間也太長了些，都快一年了還醒不過來，我左眼瞧著，右眼看著，就是沒辦法理解江瑞志到底有哪一點值得妳這樣奮不顧身……」

我聽了差點昏倒，都暗示她不要多說話了，她卻愈來愈誇張，現在居然直接就在沈珮好的傷口上撒鹽。

於是我只好在桌子底下，用自己的鞋尖拚命攻擊林誼靖的小腿，可她那張嘴卻依然滔滔不絕，踢了幾次之後，林誼靖終於受不住痛地跳起來，瞪著我低叫：

「喂，很痛耶！妳幹嘛一直踢我啦？」

「提醒妳餐盤裡的食物快涼掉了，別只顧著講話，不吃東西。」

「少來！」林誼靖拿起桌上的水杯，啜飲一口後，繼續說：「誰不知道妳是怕我說的那些話會刺傷沈珮好才一直踢我……不過妳不是也說過，總是要讓沈珮好碰觸她心底最痛的那個角落，她才有辦法重生嗎？」

林誼靖幾句話就把我堵得啞口無言。

有點擔心地瞄了瞄沈珮好，她卻只是安靜地低著頭，不讓我們看見她臉上的表情。

我又朝林誼靖露出猙獰的表情，怪她壞了這頓飯的好氣氛，她也朝我做無辜神色，說明她不是故意的。

正當我們兩個人都不知所措時，有隻手突然緊緊地握住我的手腕，是沈珮好。

她伸出她的手，一手握住我，一手握住林誼靖，原本低著的頭此刻慢慢抬起，她的眼睛晶晶亮亮的，被一層薄薄的水氣覆蓋住。

良久，她終於開口：

「謝謝妳們，我最好的兩個好朋友。」

不是什麼特別的情節，也沒什麼驚天動地的過程，我和你，只想在平淡中攜手。

那天之後，我便從沈珮妤口中知道一些關於梁祐承的事，而那其實不是因為我好奇或沈珮妤愛提，而是林誼靖不斷纏著沈珮妤問關於梁祐承的點點滴滴。

林誼靖說，梁祐承的外型跟氣質，一整個就是她的菜，他根本就是為了她量身訂作，才會出現在這個世界上的。

「妳少花癡了！」我笑她：「妳不是說要當妳的王子，法拉利是基本配備？但那個梁祐承可是個在高級餐廳打工賺學費的窮學生耶，而且他都大四了，一畢業馬上就要去服兵役，那頭帥氣的髮型也會馬上被剃光光，總的來看，跟妳想要的基本款差太多了啦，我看啊，他不僅沒有法拉利，還只喝維大力呢。」

「其實我偶爾也是很沒原則的，尤其是當一個人的外表可以帥成那樣的時候。」林誼靖笑嘻嘻，又纏著沈珮妤問：「沈珮妤，妳有梁祐承的電話嗎？」

「沒有。」

「那妳可以去幫我要他的電話嗎？」

「不可以！」

「哎唷，別那麼小氣嘛。」林誼靖撒嬌起來，那聲音、那神態，別說是男生，就連我都快被她融化了。

不過沈珮妤可不吃這一套。

「我不想跟那個人有什麼牽連，他是妳的菜，但不是我的，我吃了會拉肚子。」

「但沒人幫我點菜，我要怎麼吃呢？」林誼靖抱住沈珮妤的手臂，嬌滴滴的聲音甜膩膩：「看在我們姊妹一場，妳就幫個忙嘛。」

一開始沈珮妤還能堅持住，但幾分鐘後，她就被林誼靖纏人的功力打敗了。

「好！就只一次，我幫妳約他，但接下來妳就得自己想辦法了，我絕對不會再幫妳約他第二次，了解？」

面對沈珮妤一臉不耐的神態，林誼靖則欣喜若狂地點頭如搗蒜，連忙回答：

「了解了解了解。」

然而林誼靖還沒跟梁祐承約到會，我倒是先跟他巧遇了兩次。

第一次是在書店，第二次是在星巴克門口。

兩次都是他先認出我，走過來打招呼時，還能準確無誤地叫出我的名字。

第三次見面時，我們已經能夠熟絡攀談，彷彿相識已久的朋友。

於是，我們留下彼此的聯絡電話；然後，梁祐承開始打電話給我；接著，我們開始約會。

一切就像命定一般，我和他，緣分至深。

「明明是我先選好的菜，怎麼讓妳捷足先登啦？」

得知梁祐承跟我逐漸走近的消息時，林誼靖用沒有任何殺傷力的語氣抱怨我搶了她的菜，而沈珮妤則一臉詫異，久久不能言語。

兩個月之後，我跟梁祐承牽手了。

他說：「既然決定牽手，就不要隨便放開。」

我覺得這句話好浪漫。

梁祐承和我開始在我們彼此空白的愛情頁面上，畫下一道又一道色彩，那是屬於我和他的故事。

一晃眼，我和他已經來到交往的第五年，在這之間，我們吵過架，也鬧過分手，但最後總是又會在一起。

「這就是命中注定。」

有一次跟沈珮妤及林誼靖出去吃飯時，我這麼跟她們說。

沈珮妤只是笑，而林誼靖則一臉不苟同的模樣，她說：

「在這個世界上，沒有什麼是命中注定的，所有東西都要靠自己努力爭取，得到了才算是自己的，我才不相信命中注定這種虛無縹緲的說法呢。」

畢業後，沈珮妤依然是孤家寡人一個，她在一間補習班當講師，每天都活得很忙碌，身邊有幾名追求者，但人人有機會，個個沒把握。

林誼靖說，沈珮妤的心已經葬送在她那個青梅竹馬的手中，一如死灰，卻無法復燃。

林誼靖則在一間外貿公司上班，每天都打扮得光鮮亮麗，她外語能力強，常常都要跟公司主管去接待外國客戶，因為常常一起出差，她成了自己直屬主管的外遇對象。

沈珮妤跟我都勸過她，成為別人感情世界裡的第三者，其實不可能會幸福，她的外貌跟條件都這麼好，一定值得更好的男生來疼愛她。

「那只是一段跟別人借來的幸福，早晚都是要還回去的。」我說。

「他到底憑什麼？都有老婆了，憑什麼還要追妳？妳也真是的！明明就是一個聰明的女生，怎麼會這樣傻傻被他騙到手？」沈珮妤說。

「愛情如果有什麼道理，那就不是愛情了！再說了，他才沒有騙我，是我主動追他的。」

林誼靖無奈地回答我們，然後笑著：

「而且愛情是有賞味期的，也許等日子一久，我就會發現他沒那麼適合我，然後我們就能了無遺憾地分手，他可以繼續去過他的家庭生活，我也可以放手去追尋我的下一段幸福，彼此沒有糾纏，只有快樂的過程。」

我不知道林誼靖是樂天還是笨，但我們點不醒她。

愛情一旦來臨，再聰明的人也會變笨。

雖然害怕她會因此受傷，但她本人倒是看得很開，並且堅信，過程遠比結局來得重要。

她說她是在談一場沒有結局的愛情，她不會去破壞他的家庭，她會安分地當個隱形人。

但是她不知道，她其實已經在無形中，掠奪了屬於另一個女人的幸福。

看著她總是笑得堅強的臉，沈珮妤跟我只能在心裡默默擔憂著。

「還是妳最幸福，梁祐承那麼包容妳，體諒妳的工作、尊重妳的任何決定，我覺得啊，一個女人一生裡最幸福的不是找一個自己最愛的人，而是得到一個包容自己的人。愛情裡不一定會有包容，但會包容妳的才是真的愛情。」

有次林誼靖心情不好，喝醉酒後來找我，一見到開門的我時，「哇」的一聲攬住我的脖子狠狠哭了起來。

哭累了，我煮了一碗蛋花麵給她，她盯著冒著氤氳熱氣的麵，眼淚又如斷線珍珠般掉下來，一滴一滴，掉進我為她煮好的湯麵裡。

滴滴答答，那是心在哭泣的聲音。

然後，她這麼對我說。

那時我不懂她為什麼要這麼說，也不明白愛我的人與包容我的人有什麼差別。

愛情，對我而言，是那麼自然而然發生的事，在梁祐承的愛情城堡裡，我是獨一無二的公主，是他用心呵護珍惜的所有。

所以我無法體會林誼靖話中的意思，卻還是假裝了解地抱了抱她，告訴她：

「如果太累了就放手，休息一下，饒過他，也饒過自己。」

林誼靖只是哭，沒再多說話。

於是在那一刻，我明白了！

明白林誼靖是真的愛著他，那個屬於別的女人的男人！他自私地佔有兩個女人全心全意的愛情，狂妄地在愛情裡來去自如，冷眼看著兩個女人對他掏心挖肺，卻從來沒想過要給誰永遠。

承諾，對他而言，是太沉重的負荷。

男人都不喜歡承諾。

我想起梁祐承，他也不喜歡承諾我關於未來的事。

他總說未來就在指縫間，下一秒就變成現在。所以不要去想未來的事，只要牽好手，一步一步走下去，未來就能走成現在，再成為過去，只有過去了，才能成為回憶。

「細心收藏我們之間的回憶，將每一個片段牢牢熨在心頭，就是永恆。」

所以，即使沒有未來的藍圖，我仍能從你眼中看見屬於我們的未來。

即使梁祐承的工作只有少少的收入，也總是徬徨掙扎著，不知道是不是能有出人頭地的一天，但我依然無保留地支持他的夢想。

對我而言，肯將自己的夢想付諸行動的男人，才是擁有無限魅力的真男人。

梁祐承就是一個擁有無限魅力的男人。

當初也是他鼓勵我把自己腦海裡的故事，用生動的言語表達出來，才成就現今的這個我。

然而，即使他可以用盡所有氣力鼓勵我，卻沒辦法鼓舞他自己不斷受挫的心。

有幾次，梁祐承差點就要放棄自己的理想，他說他想出去找工作，想擁有一份穩定的薪資收入，想用他賺到的錢養我，不要我那麼辛苦。

每次只要看到他對前途灰心的黯然神情，我的心總如刀割。

我問過自己好幾次，如果要我拿自己的成就來交換他的成功，我願不願意。

答案是肯定的。

我寧願先成名的不是我，而是梁祐承，畢竟他擁有那麼好的天賦，卻始終遇不到賞識他的伯樂。

所以我拚命幫他找機會，遇到認識的雜誌社或報社編輯，總會問問他們需不需要找人為他們的報紙或雜誌畫插畫或四格漫畫。

因此梁祐承才能有那些微薄的收入。

林誼靖老愛笑我笨，她總說：「愛情會讓女人變美麗，但金錢才能讓男人有自信。」

她說我應該勸梁祐承去找份正職的工作，光靠畫畫，早晚會餓死的。

我說什麼也不肯，畫畫是梁祐承的堅持，是他的希望與理想，我怎麼能勸他放棄自己的夢想？

「我會幫他堅持下去，而且我相信梁祐承一定會紅，並且成為一個十分搶手的漫畫家，因為他的畫風很特別，創作內容也很多元，我相信他絕對是個不簡單的人，真的。」

「雖然我知道愛情會讓人變盲目，但我不知道妳居然會盲目到走火入魔的地步。」林誼靖取笑我。

我不服氣地反駁：「我才沒有盲目，我說的是真的。」

「愛情果然是一層紗，它不僅會蒙蔽妳的眼，還會霧化妳的視線，讓妳看不清也無法透徹，最後只好用想像美化及目所視，再醜的也會變美。」

「才不是！」我氣得跺腳：「梁祐承真的是塊樸玉，以後妳就會知道了。」

很奇怪，不管林誼靖怎麼挖苦我，怎麼開我玩笑，我都可以不當一回事地跟她嘻嘻哈哈，但只要一扯上梁祐承，我就是無法淡定。

林誼靖說，我已經把梁祐承神化了，才會這麼崇拜他。

但我知道我不是，我只是希望我的他可以快樂一點，可以做自己喜歡的事，可以堅持自己的夢想。

我只是這麼單純地希望著。

所以我喜歡著他的喜歡，希望著他的希望，堅持著他的堅持。

愛一個人，讓我變成一個像他的人，而我其實並不討厭這樣的改變，那讓我覺得我離他的世界更近了，也更貼近他的心了。

我跟林誼靖聊天時總會聊到愛情、聊到林誼靖的那個他，或者我的梁祐承。

反倒是我們三個人裡最早接觸愛情的沈珮妤不大喜歡跟我聊到這一塊，偶爾聊到林誼靖的他，沈珮妤還能跟著笑鬧，但只要一聊起梁祐承的事，她就變得不大愛搭腔，或是巧妙地把話題移開。

「也許是她那個青梅竹馬讓她嚇到了，害她現在只要一講到愛情這一類的事，就急忙躲開。」

幾次，在只有我跟林誼靖兩個人的聚會裡，當我提出我的疑惑，林誼靖總是幫沈珮妤講話。

「但是她好像很討厭梁祐承，每次只要我一提到梁祐承，她就會想辦法轉移話題。」

我苦惱地皺著眉，一個是我的好朋友，一個是我的男朋友，即使我是透過沈珮妤才認識梁祐承，可是他們兩個人好像八字超不合，偶爾當梁祐承出現在我們姊妹淘聚會的場合，沈珮妤就會沉著一張臉，不苟言笑的臉龐，跟她平時總是淺淺微笑的溫柔模樣相去甚遠。

「妳怎麼能要求一個失去愛情，可能心口上還帶著傷的女人若無其事地看著你們兩個甜甜蜜蜜地在她面前打情罵俏？換成我，沒對你們飆髒話就算很客氣了。」

「我跟梁祐承哪有打情罵俏？妳都亂說！」

「哪裡沒有？是妳自己沒意識到你們兩個人平時言談舉止間有多肉麻！上次我們不是一起去吃排餐嗎？他幫妳切牛排也就算了，妳居然還旁若無人地餵他吃牛肉，還用噁心兮兮的聲音問他好不好吃，要不是本姑娘功力夠深厚，早就被你們兩個人噁心巴啦的行逕搞瘋了，有必要這樣明目張膽地曬幸福嗎？沒閃瞎別人的眼睛不行嗎？」

「我跟他又不是刻意的，我們私下本來就是這麼相處的呀。」

「那你們就繼續維持私下才這麼相處嘛，幹嘛搬到檯面上來？連我這個感情已經有寄託的人看了都覺得刺眼了，更何況是感情世界空白的沈大小姐！」

我又嘟嘴又皺眉地跟林誼靖大眼瞪小眼，約莫半分鐘後，我才終於妥協地說：

「好嘛，下次我會注意啦。」

林誼靖這才笑開臉來，拍拍我的臉頰，彷彿我是個小朋友一般，她說：

「乖。」

後來有一次在梁祐承家，我們兩個人用高腳杯各倒了一杯紅酒，在客廳地板上席地而坐，閒聊時，我隨口提起這件事。

「所以呢？」

梁祐承側過頭來看我，深邃的眼裡蘊藏許多感情。

那是讓我深深著迷的一雙眼，宛若兩潭深不見底的湖水，既神祕又憂鬱，彷彿藏著很多故事。

「所以，林誼靖叫我們兩個人不要在她們面前太恩愛，她覺得好刺眼，也覺得沈珮好看了心情會不好。」

「沈珮好為什麼看了心情會不好？」

「因為她好像還沒從前一段感情走出來呀！」

「哪有人失戀會難過這麼久的？都幾年了！」

「林誼靖說，愛情這種事，不是看長度，而是看深度！」我說：「愛一個人，不會因為在一起的時間長就愛得愈深，也不會因為跟一個人在一起的時間短就愛得淡。沈珮好太愛她那個青梅竹馬了，所以失去他時，她的傷心期才會這麼長。」

梁祐承不再說話，低頭啜飲了幾口紅酒，又沉默了片刻，才淡淡地說：

「這個笨蛋！」

在愛情裡，每一個人都是笨蛋，再聰明的人也不例外。

去公司跟劇組開完會，出來時，已經是晚上八點多了，冗長的會議，其實結論只有一個：修改劇本。

某些地方，人物特質要突顯出來；某些地方，劇情太過平淡，沒有張力；某些地方……我光想，頭就痛了！

去停車場取車時，才想起今天跟沈珮妤約了要吃飯，真糟糕！都過了約定時間許久，這會兒我肯定又會被她狠削一頓，說我沒時間觀念。

急忙掏出手機，沈珮妤的電話卻怎麼樣也無法撥通，接連幾次都直接被轉入語音信箱。

一定又是手機忘了充電，沒電了吧！

手機沒電是沈珮妤的專長，每次唸她，也不見她改進，有時我跟林誼靖會因為找不到她的人而急得像熱鍋上的螞蟻，可她大小姐卻總是一派我們大驚小怪般地揚著笑：

「幹嘛緊張？我多大的人啦，還怕不見？」

打林誼靖的手機，手機一接通，我都還沒開口，她就先聲奪人：

「在看電影，正到緊張處，等等看完再跟妳聯絡。」

然後手機直接被結束通話，連上訴的機會都沒有。

沒辦法，只好打電話給梁祐承。

電話才響了三聲就被接起，梁祐承溫潤的聲音從手機那頭響起：

「開完會啦？吃過飯了嗎？」

「還沒。」我說，帶著撒嬌的聲音：「你現在人在哪裡？」

梁祐承老實地跟我說明他的所在地，幸好，離我跟沈珮妤約會的地點不遠。

於是我拜託他先繞過去餐廳，幫我跟沈珮妤說一聲，再幫我陪她一下，我會盡快趕到。

梁祐承沉吟片刻，馬上應允。

「哇，你人真好！」我懸掛在半空中的心馬上落了底：「今天晚餐你也留下來跟我們一起吃，我請客。」

「妳們女生吃飯聊八卦，我杵在那裡幹嘛？這樣妳們要說我壞話，不是很不方便？」

梁祐承幽默的話逗得我直笑。

「誰要說你壞話？」我還是笑：「才不想浪費時間討論你，為了你造口業，多划不來。」

通話結束前，我又叮囑梁祐承務必要幫我在沈珮好面前美言幾句。

「腰要軟，聲音要溫柔，還要記得打不還手，罵不還口喔，拜託。」我求他。

「幹嘛搞得我好像交際花，要負責安撫難搞的客人一樣！」

「哎唷，拜託啦，我今天是因為開會才遲到，又不是故意的，可偏偏咱們這位沈大小姐最討厭沒有時間觀念的人，她是你學妹，你也知道她脾氣，就幫我順著她的毛摸幾下嘛，我會盡快趕到，不會讓你低聲下氣太久的，求求你啦。」

拗不過我的請求，梁祐承只好左一句「是」，右一句「遵命」，再疊聲稱「好」。

接著，我以最快的速度往我們約定的餐廳直駛而去。

偏偏這時間車流量大，我又接連遇到好幾個紅色燈誌，致使一條筆直道路走走停停，原本二十分鐘可以抵達的路程，卻硬是花了多一倍的時間才到達。

比較幸運的是，當我急得滿嘴已經開始胡言亂語造口業時，正好瞧見餐廳門口有部車剛離開，不費吹灰之力地找到一位難求的停車格，多少還是能稍稍平撫我心裡不滿的情緒。

衝進餐廳，站在大門口往裡頭一瞄，一眼就瞧見梁祐承跟沈珮好的身影。

「對不起、對不起，外面塞車好嚴重……」

小跑步過去，才剛接近他們兩個人，我就一疊聲地道歉，邊解釋遲到的原因，邊拉開一角的椅子坐下，待坐定後，才發現沈珮妤滿臉怒氣，看了我一眼，又別過頭去。

死定了！我心裡頭暗暗喊糟。

雖然這不是我第一次遲到，但絕對是我遲到最久的一次，難怪沈珮妤要對我生氣。

轉過頭去，正要低聲開口問問梁祐承怎麼沒幫我好好安撫沈珮妤的情緒，竟然讓她對我這麼生氣時，卻發現梁祐承的臉色也好不到哪裡去。

「怎……」

我才一開口要探詢究竟時，梁祐承突然站起身，眼睛沒看我，只瞧著沈珮妤的方向，冷淡地說：「妳們聊，我先走了。」

「欸……」我急忙起身，拉住說完話馬上就轉身準備離去的梁祐承，挨到他身邊，撒嬌地問：「你幹嘛呀？生什麼氣？」

梁祐承低頭瞅著我，原本還生著氣的眼神慢慢緩和下來，他拍拍我的臉頰，嘆口氣，低聲說道：

「沒事，我今天也忙了一天，有些累了，先回去休息，晚些時候妳回到家，再打電話給我，好嗎？」

「不一起吃點東西再走嗎？今天我作東呢。」

「不大餓，晚點餓了我再自己煮些東西吃。」梁祐承說著，又摸摸我的頭，輕聲說：「妳們好好聊，開心點。」

我只得乖乖地點頭，又輕輕握了握他寬厚溫暖的手掌，叮嚀他回去的路上小心，車子別開太快，晚點回家我再打電話跟他報平安。

目送梁祐承走出餐廳大門後，我才走回自己的座位坐下，沈珮妤依然沉著一張臉，看也不看我。

「欸，別這麼生氣嘛。」我伸出手，輕輕拉了拉她手臂上的衣服，討好地笑著撒嬌：「我今天開了一整天的會，走出會議室都已經八點多了，我真的不是故意要遲到的，偏偏妳的手機沒電，撥了幾次電話都轉入語音信箱，我只好打電話跟梁祐承求救，對不起啦。」

「不是在生妳的氣啦。」

沈珮妤依然一臉悶悶的，掉頭看我一眼，丟下這句話後，又把眼神移開，拿起咖啡杯裡的銀湯匙，輕輕攪動杯裡的咖啡，攪出一個小小的咖啡色漩渦。

「才怪！不是在生我的氣，那幹嘛不對我笑？擺著一張臭臉說不是氣我，誰會相信？」

我嘟起嘴，繼續撒嬌：

「哎唷，不要生氣了嘛，剛才我也是冒著九死一生的生命危險，飆車來找妳耶，妳就看在我這麼有心的份上，饒恕我這一次嘛。」

「就說了不是在生妳的氣啦。」

沈珮妤側頭看我一眼，原本還緊繃著的臉部線條，終於稍稍柔和下來。

「我才不信，不然妳笑一個給我看。」我央求她。

「幼稚！我才不要。」

「不要就是在生氣！」

「就跟妳說了沒有。」

「沒有就笑一個給我看！」

「我現在笑不出來。」

「笑不出來就是在生氣！」

「妳很盧耶，我、沒、在、生、氣、啦。」

「沒生氣就笑一個給我看嘛。」

最後沈珮妤被我纏得受不了，原本還緊抿著的嘴角終於微微上彎。

「沒見過比妳更孩子氣的人了啦，好幼稚！」

沈珮妤一面說，一面伸手捶打我的手臂一記，又忍不住笑著。

「就是這樣才更顯得我單純無害啊。」

我撫著手臂，也不還手，依然衝著她傻傻笑著。

沈珮好深深地看了我一眼，嘆氣，然後說：

「魏蔓宜，妳這樣善良、沒心機，我是真的非常非常喜歡妳，要是哪一天，我，或者妳身邊任何一個妳愛的人，不小心傷害了妳，妳要相信，那絕對絕對絕對不是有心的……」

這世上，有許多的傷害全來自於無心，但無心的傷害卻往往最是令人傷心。

回到家，眼見時間已經不早了，本來還猶疑著要不要打電話給梁祐承，不過想起他臨走前跟我說他累了，想先回家休息，說不定現在正好入眠，要是打電話給他，萬一吵醒他，害他一時之間沒辦法再入睡，那要怎麼辦？

梁祐承是個淺眠的人，一丁點聲響都能吵醒他，一被吵醒就很難再入眠，跟我這種沾枕就睡的人大大不同，所以他常說，要是他也有我這種樂天的性子就好了。

想著想著，便決定明天再打電話給他。

拿了換洗衣物，正要走進浴室沖洗，放在書桌上的手機就響了。

梁祐承的名字在手機面板上閃啊閃的，閃出我臉上的笑容，也閃出了心底那一絲絲的甜。

「回到家了嗎？」

梁祐承柔和的聲調裡有些許程度的疲憊。

「嗯，剛到家，你還沒睡嗎？」我握著手機，聲音也輕輕的，像是不敢驚醒這沉睡的夜一般，小小聲地說：「以為你在睡了，就想讓你好好休息一下，明天早上醒來再打電話給你。」

「妳不來電話，我會睡不安穩呀。」

雖然明知這是句奉承的話，但我還是讓蜜一般的笑揚在唇際，心頭喜孜孜地歡欣著。

「就會說話逗我開心，偏偏見著面時，什麼甜言蜜語又吐不出口啦！」

「見了面會害羞呀，哪說得出口。」

「鬼扯！」

梁祐承的笑聲透過話筒傳來，他說：「真好，跟妳講講話，本來還有些鬱悶的心情全都瞬間逃逸無蹤。」

「你跟沈珮好說了相同的話耶。」

我有些驚訝地張大眼，說話的聲調也微微高揚了些。

「喔？她說了什麼？」

「她說她的心情受到某些人影響，有點不痛快，不過看我在一旁耍笨裝幼稚，還講一些話逗她笑，她的心情就好很多啦。」

本以為梁祐承會哈哈大笑，但想不到他卻用異常認真的口吻對我說：

「魏蔓宜，這就是妳的魅力！把朋友看得比自己的生命還重要，關心每一個妳想關心的人，努力去化解每個妳喜歡的人心底的焦慮或苦悶，卻從來不求別人平等對待的妳，這樣的妳，就是我所喜歡的妳。」

我握著手機，久久無法言語，眼底，熱浪翻滾。

原來梁祐承喜歡的我是這樣的一個我！而我卻從來不知道。

他看見的我，是我從來不知道的那個我，我知道我對朋友盡忠、講義氣，也知道我總努力去讓身邊的人快樂微笑，卻從來不知道，這樣的我，在梁祐承眼裡，也是魅力發散的一種表現。

我以為他喜歡的是我樂觀向前的個性，或者是我笑起來無憂無慮的臉龐，更或者是我努力創作的認真模樣。

除此之外，我以為我已經沒有任何可以讓他眷戀的特質。

因為每次問起他，他除了笑，還是笑，總是笑了半天也答不上話。

卻怎樣也想不到，他看見的，是比別人更深層透徹的我。

「怎麼啦？想睡了，腦袋當機了嗎？怎麼突然不講話？」

「不是，」我吸吸鼻子，說：「我只是很感動。」

「感動？」梁祐承不明所以地問：「感動什麼？」

「感動你看見別人看不見的那個我。」

我說著說著，有一滴眼淚止不住，從我的左眼眼眶裡掉下來，但我的嘴角卻掛著笑：

「說不上來為什麼，但我就是覺得心情很激動，一種被人懂著的感覺，是很難以言喻的。」

這回換梁祐承沉默了。

「晚上沈珮妤跟我說了一句話，回來的路上，我一直想著她為什麼要這樣對我說，但總是想不通透，不明白她話裡的意思。」安靜片刻，我先開了口。

「什麼話？」

「她說她很喜歡我，但如果有一天，她，或者我身邊任何一個我愛的人不小心傷害了我，她要我相信，他們絕對不是故意的。」

停頓了一下，我繼續說：

「也許有些傷害是無心的，就像牙齒跟舌頭一樣，即使天生就是那麼緊密的關係，牙齒有時候也會不小心咬到舌頭啊，但那樣不小心造成的傷害並不是故意的，所以，如果愛我的人不小心傷害了我，我應該也不至於太難過，畢竟那不是因為他們不愛我才造成了傷害，對不對？」

梁祐承沒有馬上回答，在等他回應的短暫時光裡，我彷彿聽見他輕聲的嘆息。

「妳別想那麼多，也許沈珮妤說這些話並沒有什麼特別的意思，只不過是隨口說說，妳別放在心上。」

「我沒有放在心上呀。」我笑：「這種事，我也是聽聽就過去了，只是一時之間不能明白她這些話的意思，所以才拿出來跟你討論一下，沒事的。」

梁祐承在電話那頭也笑了起來，我彷彿能看見他唇邊綻開的笑意，宛如春天清晨的第一道陽光，那麼寧和璀璨，卻不刺眼。

「對了，你今天去餐廳時，沈珮妤很生氣嗎？」

「還好耶，怎麼啦？」

「沒有啦，因為晚上看見你們兩個人的氣氛好像有點僵，是不是因為我晚到，所以沈珮妤很不高興呀？雖然她一直說不是在生我的氣，但我總覺得她似乎在對我隱瞞什麼，很怪！」

「又在胡思亂想啦！她不是都說沒生妳的氣了，妳還想那麼多做什麼？庸人自擾哪！」

「沒辦法，寫小說的人嘛，觀察力總是比別人敏銳，神經也總比別人細，胡思亂想的程度自然也就異於常人啦。」

「傻瓜！」

「可是，我可不可以問你一件事？」

「說！」

「你跟沈珮妤是不是鬧過什麼不愉快呀？為什麼我總覺得，她好像不……呃……不是很……」

一開始，我只是想把一直埋在心底許久的疑惑說出來，但講到後來，我竟然開始吞吞吐吐，不知道到底該不該一針見血地講出心底話。

「我知道！她不喜歡我！」

相較於我的斟酌遣詞，梁祐承倒是直截了當多了。

「為什麼呀？」

「就跟愛情一樣，喜歡一個人和討厭一個人都是沒有原因的，有時候就只是一種感覺。」

梁祐承輕描淡寫地說著，就像在述說一件雞毛蒜皮般的事情一樣。

「也許我就是沒她的眼緣吧，所以就算再怎麼努力改變，也只是徒勞無功。」

誠如愛情，有時候即使再拚命，到頭來，也只是一場徒勞無功的堅持而已。

我常常在想，人，也許是這個世界上最單純又最複雜的自私動物。每個人，包括我自己，終其一生，都想要得到一段舉世無雙的完美愛情。這樣單純的渴望是支撐我們不斷前行的動力，在每一段挫折的悲傷過後，還能滿懷期待地想像，也許那個人就在下一個轉角的路口等著我們。

於是，挫折不再是挫折，疼痛也不再是疼痛；於是我們總能樂觀地想著：反正傷口總是會結痂，這點小小的傷痛其實並不算什麼，我呀，只是很倒楣地遇到不對的那個人，眼睛被鬼遮眼般地以為自己找到了命定的王子公主，還好還沒真的瞎掉，惡靈散退之後，終究也順利地告別那段浪費生命的荒謬歲月。

無論命運怎麼捉弄，「期待」卻永遠不死。

然而，在單純冀求這世上獨一無二的純真愛情的同時，我們又不願意被自己期待的愛情綁架。

複雜地冀望能在王子公主的愛情裡，還能擁有完整的自由、獨立的自我、不受拘束的交友空間。
犧牲是必要的，卻又自私地希望是對方為我們犧牲奉獻，而自己只想保有最原始的自我，不想要任何對自己而言不美好的改變。

「所以，即使遇見自己超級喜歡的人，我仍然不會為他做太多自己認為的無謂犧牲，我喜歡這樣重情重義的自己、喜歡隨性的生活、喜歡和妳們兩個人有空沒空就攪和在一起，不想唯唯諾諾地被愛情拘束了。」我說。

「我贊成！」林誼靖說：「把男人當成是自己的天、自己的上帝、自己的全部世界的女人，才是全天下最笨的女人。」

沈珮妤笑著，溫柔的眼睛閃著熠熠光芒，她說：「我願意為江瑞志做任何改變。」

「啊？」林誼靖跟我異口同聲地驚呼，並且很有默契地同時轉頭看著她。

「對我而言，江瑞志就是我的天、我的上帝、我的全部，為了他，我願意成為全天下最笨的女人。」

Chapter 2 擁有，卻也寂寞著

算起來，梁祐承跟我交往的時間也有五年了。

雖然住在同一個城市，雖然幾乎每天都會通電話，雖然每次約會時，我總會緊緊牽住他的手，但我和他之間，卻好像存在著一道隱形的距離。

一道我說不上來，無法具體形容，卻始終感覺它確實存在著的距離。

即使梁祐承總是溫柔對待我，即使他從不對我說重話，即使每一次的擁抱，我總是像怕他會突然不見般地緊緊抱著他，恨不得把自己的身體嵌進他體內般用力……卻依然無法感覺自己已經完整貼近他。

林誼靖說，我是在愛情裡極度缺乏安全感的人。

然而，就算誠如林誼靖所言，我卻從來不曾伸手向梁祐承乞討過什麼。

愛情是兩顆心自然而然的貼近，而不是用乞討來成就的感情。

猶加安全感，往往也是自己才能給自己，而不是誰可以給你的，一旦對自己充滿自信，安全感便無所不在了。

所以，即便梁祐承就近在咫尺，愛情，卻彷彿遠在光年外。

一年裡，我最喜歡的月份就是三月，也許因為那是自己出生的月份，也許因為三月是個明顯能感受春意翩然而至的月份；總之，比起另外的十一個月，三月更可以帶給我喜樂與希望。

也是在這樣一個春暖花開的三月天裡，梁祐承接到一則出版社邀約出版的訊息。

平心而論，梁祐承跟我都是十分忙碌的人，只是差別在於我忙著構築文字，而他則忙著畫畫。

他常笑說我是真忙，因為我只要忙完，過一段時間，就能看到我編劇的微電影被拍攝出來，成果具體可見。

而他卻只是個名副其實的「瞎忙哥」。

偶爾他會接接報社或雜誌的插畫邀稿，更偶爾會不小心接到公司團體找他合作的案子，但大部分時候，他都只能把畫好的作品上傳到自己的部落格裡，當個專心經營自己創作園地的部落客。

他一直期待能出一本屬於自己的書，卻又常常滅自己威風地覺得他沒那本事。

即便我常常幫他加油打氣，常常稱讚他的作品，總是有意無意地對他露出小粉絲的崇拜表情，他依然對自己沒有信心。

直到有出版社賞識他放在部落格的作品，留言問他是不是有出版意願，他才終於確信自己又朝夢想前進了一大步。

他打電話給我時，我正關在書房裡，眼睛死命地盯著電腦螢幕，手指飛快地敲擊著鍵盤按鍵。

愛情正在我的 Word 檔裡上演著。

然後，我的手機響了。

本來我是不打算接電話的，因為靈感正好，手指也很流暢地敲著鍵盤，我的靈感跟手指正呈現一種天衣無縫的完美搭配。

但是手機鈴聲響了一聲又一聲，我不去接它，讓它響到把來電轉入語音信箱，換取片刻寧靜後，它又叮叮噹噹地重振旗鼓，一直到不知道第四還是第五通，我才終於不耐煩地拿起手機接電話。

還來不及出聲，梁祐承的聲音就從手機另一頭興奮地傳來：

「對不起，妳是不是還在忙？」

「呃，還好，沒關係，你說。」

我歪著頭，讓耳朵貼著手機，用肩膀夾著手機，一面說，一面繼續敲打鍵盤。

「我剛才接到一則留言，是出版社的編輯留的，他問我有沒有興趣出書。」

即使梁祐承刻意壓抑，但他昭然若揭的欣喜還是輕易地流溢於言詞間。

「什麼？」

我以為我聽錯了，原本敲著鍵盤的手瞬間停下來，本來歪著的頭很本能地抬正，一抬正，手機便順勢從我的肩膀往前滑，掉落到鍵盤上，我的 Word 檔瞬間多了好幾個莫名其妙的字根符號。

「噢，shit！」我脫口罵了一句，連忙拾起手機，說：「然後呢？」

「欸，妳沒事吧？」

「沒事沒事，只是手機不小心掉下去，摔到鍵盤上，Word 檔裡跑出來好幾個字，我正在刪，不礙事的。」我回答完，又迅速把話題拉回來，直問道：「然後呢？然後呢？你回他了嗎？」

講著講著，我彷彿被手機那頭的梁祐承所感染一般，整個人開心起來。

「還沒，剛才一看到留言，瞬間整個腦袋大當機，好不容易反應過來，就直接打電話給妳了。」

「梁祐承，你真的很棒耶！超厲害的呀！是不是呢？我就說過了，你一定可以的，對吧？」

我說著說著，聲音逐漸慷慨激昂起來，就差沒尖叫而已。

一會兒，我又眉開眼笑地嚷著：「喂，我今天不趕稿了，等等開車去找你，你要請我吃飯，這是你當初答應過我的。」

「那有什麼問題？」他說：「不過妳別來，我開車去接妳吧，妳只要乖乖把自己打扮好，想想等一下要吃什麼，今天我就來當個滿足公主所有願望的魔法師，好嗎？」

梁祐承當真是歡天喜地，我光聽他的聲音就知道，平常他就算遇到再怎麼開心的事，也總是斯文有氣質地維持住他文質彬彬的形象，但今天，他的情緒卻整個控制不住，以致於說話的聲音總是上揚著。

「好。」我用力地點頭，又滿心歡喜地繼續笑著。

我用極短的時間梳洗自己，再換上之前跟梁祐承去逛街時，他陪我挑選的那襲淺綠色圓裙小洋裝，戴上他從日本特地買回來送我的項鍊跟耳環，又換上他託朋友從韓國帶回來送我，我卻總捨不得穿的銀色高跟鞋。

從鏡子裡，我看見喜形於色的自己，突然想起十七歲那年，我跟林誼靖還有沈珮好聊著的愛情祈望。

那時的我總是很有自信地以為，即使再渴望愛情，我也不會因為愛一個人而變得卑微，我以為我不是那種會為愛情改變自己的人。

但是當愛情真的來臨時，我，終究還是變成自己不想要變成的那種人了。

為愛而生，為愛而活，為愛哭笑，為愛瘋癲。

我就像自己筆下的任何一個女主角一樣，掏心挖肺的，就怕自己付出得不夠深，給得不夠多。

林誼靖說：「愛情裡，先付出真心的那個人，就注定是輸家。」

然而，對我而言，贏或輸都不是重點，重要的是，我愛過、經歷過、擁有過。

那些哭笑的人生，那些愛恨交織的過程，才是一種活著的證明。

所以，即使我們沒辦法一起走到人生的盡頭，我依然珍惜你給我的一切。

後來我們決定去一間新開幕的西餐廳吃飯，聽說那間餐廳走的是歐洲貴族風，整間店從內到外金碧輝煌不說，光一張椅子就要價幾萬元台幣，更別說其他的裝潢設備。

「就算買不起那種奢華風的椅子，去坐一坐，過過乾癮也是好的。」

本來我不想把那間餐廳列入考慮，覺得那裡的消費略嫌高檔了些，梁祐承都還沒賺到稿費，就帶我去那種餐廳吃飯，未免太奢侈，但梁祐承露出興致勃勃的模樣，我便不忍心掃他的興了。

開車前往的途中，雖然還不算是用餐高峰時段，但為求慎重起見，梁祐承還是打電話去餐廳訂位。

「滿幸運的，有訂到位呢。」梁祐承笑嘻嘻地說。

「現在才五點多，沒什麼人會這麼早吃晚餐吧。」

「很難說，搞不好就有人會帶女朋友先去吃飯，再趕回家陪老婆吃晚餐。」

「咦？什麼意思？」

「之前聽朋友說的啊。」相較於我的訝異，梁祐承倒是顯得一副沒什麼大不了的樣子，他說：「我朋友啊，就是以前有跟我們一起出去唱過歌的那個小曹呀，他說他有個已婚的男同事，本來瘦瘦的，但不小心有了小三後，整個身材迅速走樣變胖，妳知道是為什麼嗎？」

「因為小三很會煮飯，所以把他餵胖了？」我猜測著。

「有點接近，但不是因為小三很會煮飯，而是他為了安撫小三，每天五點下班後，都會先陪小三去吃晚餐，吃完晚餐，還要趕回家扮演好老公、好爸爸的角色，所以要陪老婆小孩再吃一次晚餐，一天吃兩頓晚餐，不到一個月，身材就走山了……」

「真辛苦。」我跟著笑起來，邊笑還邊威脅梁祐承：「你可千萬不能跟他學啊，小心你的身材也走山，而且，我還會在一旁磨刀霍霍呢。」

「我才不想那麼累，女人啊，應付一個就夠找罪受了，誰會笨到再找一個來折磨自己。」

梁祐承笑著說，說完便轉頭看了我一眼，見我假裝生氣地瞪著他，馬上收起笑臉，正襟危坐：

「不過妳是個奇葩，妳溫柔體貼大方，跟那些難搞的女人完全不同，我朋友都超級羨慕我，問我是去哪裡找到像妳這麼好的女朋友，還問我妳有沒有其他的姊妹，是不是可以介紹給他們認識一下呢。」

雖然明知他在狗腿，但我還是聽得很開心，虛榮心瞬間膨脹起來。

幸好餐廳有附設地下停車場，要不然，在寸土寸金的台北街頭，我們大概光找個路邊停車格就會找到瘋掉。

點完餐，在等餐點送上的空檔，我才終於能細細環顧整間餐廳的裝潢擺設。只有四個字可以貼切形容我此刻的心情。

嘖嘖稱奇。

「也難怪這裡的消費會這麼『高貴』了，不收高一點，這些裝潢的錢要怎麼回收。」

我傾身向前，跟梁祐承交頭接耳地小聲批評著。

「雖然聽說這裡的食物評價真的非常普通，不過濃湯倒是十分受歡迎，餐後甜點也很受女性顧客愛戴。」

「這種店，一個人一生中大概不會來超過三次吧！氣氛享受過就好了，實在沒必要拿自己的荷包開玩笑。」

對於金錢方面的花費，我承認我是個務實的人，大概是因為大學時修過經濟學，非常推崇「錢要花在刀口上」這個理論，並十分用心地當個實踐者。

正聊著，梁祐承的眼神卻越過我，定睛在我身後。

「幹嘛？」

見他反應怪異，我也好奇轉頭，卻瞧見林誼靖手挽著一個中年男子，巧笑倩兮地從大門方向走來，一邊跟她身邊的男子低聲交談，一邊跟在服務生後頭，讓服務生幫他們帶位。

「那個是不是林誼靖？」梁祐承小聲發問。

我沒回頭看他，眼睛直盯著林誼靖，輕輕應了一聲。

梁祐承大概也知道林誼靖交往的對象是個有家室的人，所以不再發問，也陪我安靜凝視著。

看了一陣子，觀察到林誼靖並沒發現我們，恰巧餐點陸續送來，我只好坐正身子，安靜地吃著東西。

方才看了一下，發覺林誼靖的男朋友真的誠如她所形容般，是個十分紳士的人，幫她拉椅子，替她遞茶水，和她一起研究菜單，說話時，臉上總是掛著笑，兩個人相視而笑時，甜蜜得好似旁若無人般，眼中大概只看得到對方。

果然，他是林誼靖喜歡的那種類型，是個笑起來很溫柔，彷彿沒什麼脾氣，待她又細心又體貼的完美情人。

可偏偏他是個有老婆的人！

我一邊吃一邊想著林誼靖的事，食物送進口中全索然無味了，直到主餐送來，我抬頭時才發現，梁祐承正帶著笑地盯著我。

「怎麼了？」我疑惑地看他。

「看妳的小腦袋又在忙些什麼呀。」他還是笑。

「哪有忙什麼，不就忙著吃東西。」

「才不是，讓我來猜猜。」

梁祐承把我的瓷盤拉近他，拿起刀叉幫我把盤裡的肉切成一塊塊，一邊切一邊說：

「妳一定在想林誼靖跟她男朋友的事，妳肯定在惋惜這麼一個適合林誼靖的男人，卻偏偏名草有主，感嘆他們相遇得太晚，又遺憾明明這麼契合，卻沒辦法一起走到最後，終究是要分開的。」

我訝異地看著梁祐承，眼前有層薄薄的霧……他居然可以這麼懂我！

梁祐承抬頭看了我一眼，唇角依然是那抹上彎的弧線：

「是不是猜中了？」

「嗯。」我點頭，又一瞬也不瞬地瞧著他。這個人，真的是個讓人認識愈久，愈會把心全然交付出去的人，好難得！

「妳不要好奇我為什麼猜得出來，妳的心思啊，就是這麼簡單，九成全放在身旁的人身上，只留一成來關心自己，林誼靖跟沈珮妤是妳最要好的兩個朋友，妳平日也最關心她們兩個人，要來猜妳這一點心思，也不是太困難的事。」

梁祐承說得雲淡風輕，我卻覺得事情才沒有這麼簡單，他若沒把心放在我身上，不明白我腦袋裡的紛雜想法，又怎麼能這麼輕易地洞悉我的任何念頭？

「妳也別想這麼多，小腦袋裡不要裝這麼多煩心的事，才能更快樂些。」

梁祐承把切好肉的餐盤推回我面前，又把自己盤裡的綠花椰菜切塊，放進我盤裡，笑笑地說：

「感情的事，誰也沒辦法預測或掌控，有時很喜歡的人，偏偏就是沒辦法在一起到永遠，能陪你走一生的，恰巧又不是心裡最喜歡的那個。人生哪，心裡最愛的往往都不會是最適合自己的那個，能一起走一段路就已經很幸福了，時間或許短了些，但能記在心頭，就是永遠。這樣想，也就不會那麼難受了。」

我點點頭，說：「這些道理我其實都是懂得的，但想起來總是覺得不捨。」

「時間可以洗滌一切，包括傷口。」梁祐承摸摸我的頭：「很多事都是注定好的，想再多、再力挽狂瀾，也只是徒勞無功，那麼為什麼不開開心心地吃完這頓飯？真要想那些沒辦法改變的事，不如等吃飽了再想？」

我盯著梁祐承，噗哧一聲笑了。

「你這個人好奸詐，明知道我吃飽了，再壞的心情也會變好，哪還會再這樣傷春悲秋的。」

「無濟於事的事情就別再堅持，乖乖吃完飯，我們再去散散步吧。」

我只能乖乖地點頭，乖乖地吃飯，然後任由心底的甜，發酵再發酵。

我遇見的，不只是我喜歡的人，還是一個能明白我的人。

這是一種運氣，而我，卻遇見了。

於是，對於自己曾經堅持的事，我從來沒有後悔過，即使最終依然無法擁有。

因為突然的一個插曲，讓我整頓飯吃得十分心不在焉，常常會不經意就轉過頭去留意坐在我身後的林誼靖他們那桌的動靜。

只是她彷彿沒有發現我們。

自始至終，她的眼光只鎖定在她眼前那個男人身上，看不見身旁任何一個人。

離開餐廳前，我還特意從她身旁的走道經過，想看看她到底會不會發現我。

結果，沒有。

她根本就整個人淪陷在戀愛氛圍裡，壓根兒就沒留意到底有誰走過他們身旁。

晚餐後，梁祐承開車帶我到都會公園，我們兩個人牽著手緩慢行走。

我一路上都不吭聲，梁祐承一直找話題聊，我偶爾才搭腔，回個一、兩句。

「有沒有這麼心事重重啊？」

梁祐承的語氣還是一貫輕鬆，好像不是十分在意我的壞心情一般：

「今天是個值得慶祝的日子耶，但妳整個人的心思都放在林誼靖身上，我覺得我好可憐呀。」

「我只是覺得可惜啊。」我放開交握的手，攬緊梁祐承的手臂，把頭靠在他的手臂上，幽幽地說：「其實林誼靖可以找到更好的男人，但她偏偏這樣傻。」

「這種事本來就沒有一定，也許她現在是真的很快樂，也沒有想過要讓另一個女人知道她的存在，或是破壞她原有的世界，愛情雖然很誘人，但很多時候，它還是會有很多無奈，權衡之下，常常都會讓人為難。」

我安靜地看著梁祐承，卻還是覺得沒辦法心安。

借來的幸福，終得要歸還。

更何況林誼靖早已偏離她原有的軌道，開始用心愛著那個男人了，一點也不像她之前口頭說的那麼灑脫。

梁祐承又牽著我的手慢慢地走了一段路，沿路上，他刻意說些輕鬆的話題想讓我開心，雖然心裡依然有隱隱的憂慮，但為了不讓他擔心，我還是配合地笑了。

回家的路上，梁祐承詢問我的工作進度，又囑咐我要多休息，不要每次工作起來就像拚命三郎一樣，連飯都會忘記吃。

雖然有時會覺得他嘮叨得好婆媽，但每次被他關心著時，心底還是會滑過一絲絲的甜。

「我看明天我就先帶筆電去妳家住幾天，順便煮三餐給妳吃，免得妳老是會忘記吃飯，鬧胃痛。」梁祐承說。

「不要！」我想都沒想就斷然拒絕：「你千萬不要來，我家現在亂糟糟的，你來一定會嚇到，等我進度趕得差不多時，我會好好整理房間，到時你再來吧！」

「等到那個時候，恐怕妳都餓死了。」

「哪有那麼誇張？」我失笑：「就算再怎麼工作狂，肚子餓的時候，我還是會找東西吃的。」

正聊著，我的手機就響了。

是讓我煩惱了一整個晚上的林誼靖！

「我今天看到妳了。」

手機一接通，直腸子的林誼靖就沒頭沒腦地拋出這句話。

「妳怎麼沒來跟我打招呼呢？害我想介紹我男朋友給妳認識都沒機會。」

沒讓我有說話機會，林誼靖口氣一轉，竟埋怨起我來了。

「看你們兩個人甜蜜蜜的，怎麼好意思過去打擾。」

我也挺奇怪，明明為林誼靖的感情煩惱得要死，但一聽見她充滿朝氣的聲音我就笑了，好像也不再那麼為她擔心了。

「今天是他生日，我們去餐廳吃飯慶祝，你們呢？」

「梁祐承要出書了。」我得意非凡地回答她，又側頭看了一眼溫文含笑的梁祐承，繼續說：「有出版社在他的部落格留言給他，問他有沒有興趣出書。」

「哇！恭喜恭喜，妳總算媳婦熬成婆啦！」

林誼靖從以前就很愛亂用成語，我跟沈珮妤早就習慣她這種神來一筆的亂用法，不過她的語氣倒是很真摯，是真的替我感到開心。

「早就跟妳說了，梁祐承是塊樸玉，妳老是說我盲目崇拜他，其實是只有我看得出來他的實力。」

「瞧妳得意的！有什麼了不起？出書了還不是得吃飯睡覺大便？跟我們這種沒出書的人有什麼不一樣？」

「喂，很沒有氣質啊妳，晚上吃的東西都還在胃裡沒消化，聽妳這樣一說，害我想吐了啦！」

林誼靖在電話那頭大笑起來，我突然有種恍惚的感覺。

這個人這樣沒煩沒惱地在一旁大笑，而我卻為了她的感情事憂慮得食不知味，腦細胞都不知道死了幾百萬個了。

「欸，妳剛才有沒有看到我男朋友？」

林誼靖一笑完，馬上又好奇地問我。

「看見了，怎樣？」

「是不是帥得非常英氣逼人？」

我笑起來，林誼靖短話長說的功力始終都在。

「其實有一小段距離，看得也不是很仔細。」

「那下次介紹給妳跟沈珮妤認識一下好了，我覺得我男朋友是全世界最帥的男人，又溫柔體貼，是全世界女人的夢中情人呢！」

「老說我自我感覺良好，我看妳才是自我感覺超良好！他要是那麼棒，早就女朋友無數了，哪還有時間跟妳一起鬼混？」

我忍不住潑她冷水，林誼靖倒也不在意，依舊笑意盈盈地回答我：

「因為我也是全世界男人的夢中情人啊，所以他當然只想跟我在一起鬼混，其他的女人，他才看不上眼呢。」

「我講不下去了，妳讓我快吐出來啦。」

「去吐去吐！好了，不打擾妳跟梁祐承的兩人世界啦，我要趕快去整理一下，好來去睡美容覺了，不然明天就沒辦法神采奕奕地去公司見我男朋友囉！為了他，我一定要保持最美好的狀態，讓他為我神魂顛倒，哈哈。」

「去去去，趕快去睡妳的美容覺，做妳的白日夢，不要老是醒著講夢話。」

「啊，忘了說，妳幫我恭喜梁祐承一下吧……欸，算了算了，妳乾脆把電話給他，我自己跟他說比較有誠意。」

我把手機遞到梁祐承眼前，說：「林誼靖要跟你道賀。」

梁祐承笑著看我一眼，拿起手機，貼到耳邊去。

林誼靖不曉得說了什麼，只見梁祐承一直笑著，然後他說：

「是是是，很帥很有魅力，分明就是人中之龍，搭配妳完全是天衣無縫的天作之合啊……欸，好啊好啊……嗯，謝謝、謝謝，好的，我知道，那是一定的……」

然後又是一連串阿諛奉承的場面話，聽得我在一旁都快笑翻了。

好不容易結束通話後，梁祐承看看我，笑得很虛弱。

「她是不是逼你誇獎她男朋友很棒很帥，簡直就是全世界女生的夢中情人？」

「妳知道就好！」

「她知道逼我講，我一定會吐她槽，你比較聽話，所以才逼你講。」我哈哈大笑。

梁祐承哀怨地瞅了我一眼，也無奈地笑了。

但我還是覺得，對我而言，你才是這個世界上獨一無二的，是我想竭心守護的人。

儘管我前一晚已經拒絕讓梁祐承來家裡陪伴我，但第二天快到中午時，他還是出現在我家門外。

「不是說了你先別來，現在整間房子像剛被小偷洗劫過一樣，我根本就不敢讓你進去。」

我擋在門口，不讓梁祐承進屋。

「妳的房子再亂、妳再邋遢的模樣我都見過了，難不成我還會被嚇到不成？」梁祐承摸摸我的頭，口氣溫和地說：「乖，這段期間妳只要心無旁騖地寫稿就好，其他的事全交給我吧。」

於是我很沒志氣地一下子就被說服了。

側過身讓梁祐承進屋，又衝到客房幫他換上乾淨的床罩被單。

「別忙了，不過就是借住個幾天，妳也不用這樣大費周章地換床罩被單的，我湊合著睡就行了。」

當我把換下來的床罩被單抱出房門時，梁祐承連忙走過來接過我手上的東西，說著。

「你鼻子容易過敏嘛，換上乾淨的，對你的鼻子比較好。」我笑嘻嘻：「而且你喜歡青草綠的顏色，這套床罩被單是你專屬的。」

梁祐承有些吃驚地望著我，隨後用力地把我攬進他懷裡，緊緊抱了一下，說：「傻瓜！」

我不懂他為什麼要這樣說，但我能感受到他眼裡的感動，還有內心些許的激盪。

把頭埋在他的肩窩裡，我安靜地嗅著他身上好聞的洗衣精香味，心情很平靜，我喜歡這樣的生活，什麼都淡淡的，什麼都很平凡，有簡單的幸福。

平凡、簡單，就是幸福。

接著又閉關了好些天，往常趕稿期間，我總會因為睡眠不足或進度太慢，甚或電話或雜事太多而心浮氣躁，但這次不一樣，大概是因為有梁祐承陪伴的關係。

白天我睡覺時，他會把屋裡打掃一番，在我睡醒之前把午餐煮好，讓我醒來時有熱騰騰的飯菜可以吃；下午我工作時，他會拿著筆電坐在我房間的一角，安靜地畫畫，偶爾跟我聊個一兩句，盡可能地不打擾我；晚上他睡前，會幫我煮一碗冒著熱氣的蛋花麵，叮囑我不要太晚睡，然後回房去休息，讓我可以安靜地工作。

瞬時間，生活裡多了一個人，我覺得我不再那麼寂寞了。

被人照顧的感覺，很好。

隨時有個人可以在一旁陪著說話，這個房子不再是空蕩蕩的四方格，它開始飄著飯菜香，它開始有了對話的聲音，它開始有了「家」的感覺。

偶爾工作累了，我會用自己買來，還沒用過幾次的摩卡壺煮咖啡，和梁祐承一人捧著一杯熱咖啡，盤腿坐在客廳沙發上，有時什麼話都不聊，就這樣靜靜看著客廳落地窗外的風光，或者夕陽西下的餘暉。

我享受這樣的寧靜，覺得和自己喜歡的人一起做同一件事，即使不交談，只用眼波交流，也是一種浪漫。

慢慢的，我希望這樣的時光可以永遠停駐，希望無時無刻都能在這間屋子裡看見梁祐承的身影，或是他突然回眸的一個溫暖笑意，於是我很有心機地開始放慢書寫的速度，想把他留在身旁久一點，或者，他可以永遠住下來。

「妳這次的稿子不趕時間嗎？」

第五天晚上，梁祐承和我吃過晚餐，一起坐在客廳的沙發上看電視綜藝節目，我被節目裡的整人橋段弄得哈哈大笑，一邊笑，一邊往梁祐承懷裡鑽，像隻撒嬌的貓咪。

「趕啊，可我沒靈感，寫不太出來。」

我佯裝無奈地回答，沒讓他知道其實我已經快結尾了，我多麼想他能永遠不要走，我已經開始依賴他二十四小時在身邊的日子了。

「那該怎麼辦呢？」

梁祐承不知道我的小心機，只是很單純地替我擔心。

「沒關係，船到橋頭自然直，就等公司打電話來催吧！狗急會跳牆，我之前好多次都是超過截稿日才趕出來的，往往心裡一緊張，靈感就會源源不絕了。」

梁祐承沒再說話，望著我，淺淺笑著。

正想提議去外面走走時，我的手機很不識相地響起來。

是林誼靖打來的電話。

「幹嘛？」

從茶几上抓起手機，按下通話鍵後，我又窩回梁祐承溫暖的懷抱裡，三月天，夜裡仍然有沁涼寒意，梁祐承的懷抱卻能給我足夠的溫暖。

「我在妳家樓下，妳開門讓我進去。」

林誼靖說風是風、說雨是雨的個性始終如一，她要來從來不會先打電話說一聲，也不管你是不是在忙，反正她想做什麼就做什麼，誰阻止都沒有用。

我從沙發上站起來，走到門口去按下開門鍵，然後打開大門，等候咱們林大小姐的大駕光臨。

「也不知道這麼晚還來做什麼，說不定是帶她男朋友來炫耀呢！她前幾天還說要介紹她男朋友給我和沈珮妤認識，我手頭的工作一直沒結束，沈珮妤也在忙他們補習班那些小鬼頭的學校段考，沒空跟她吃飯，這個人大概是性子耐不住了，想要趕快介紹她那個人高馬大又英俊瀟灑的男朋友給我們認識，好聽聽我們的讚嘆聲。」

我笑嘻嘻地跟梁祐承說，梁祐承只朝我眨眨眼，示意我別再說了，林誼靖就快到了，給她聽見就不好啦。

沒多久，林誼靖推開大門走進來，手上提著一個塑膠袋，袋子上還冒著水珠。

她的臉色不是很好，看見梁祐承時還有些驚訝。

「你在啊！」她說，口氣聽起來有些低落。

「嗯，我來當幾天管家，專門照顧這個不按時間吃飯，又喜歡鬧胃痛的魏小姐。」梁祐承笑笑地說，說完還看了我一眼，被我假裝生氣地瞪回去。

「真好。」林誼靖低聲喃喃，走過來，把她手上的塑膠袋放在茶几上。

我湊過去看了一眼，驚呼：「林誼靖，妳幹嘛呀？買這麼多啤酒是怎樣？」

「我心情不好。」林誼靖毫不客氣地直接坐在我家的單人座沙發上，簡直是把我家當她家了：「妳陪我喝兩杯。」

我看了看梁祐承，他回頭睇了我一眼後，站起身，笑著說：「光喝酒容易醉，我出去買些滷味回來給妳們當下酒菜。」

說完，他走到大門邊，從鑰匙掛畫裡取出他的車鑰匙，開了大門走出去。

目送他關上大門後，我轉過頭去看林誼靖，這才發現她也正拿著兩顆又圓又大的眼睛盯著我。

「怎麼回事？」我問。

林誼靖扯開笑，看起來很勉強，她說：「哪有怎麼回事？不過就是無聊沒事做想喝啤酒，自己喝很無趣，沈珮好又不喝酒，只好來找妳。」

「少來，妳的脾氣我會不知道？要不就是心情大好想喝酒狂歡，要不就是心情低落想藉酒澆愁，哪有什麼無聊沒事做想喝啤酒的道理？快說！到底發生什麼事了？」

「就說了想喝酒嘛！妳什麼時候變得這麼囉嗦了？不過是想找妳喝酒聊天一下，妳也這樣囉囉嗦嗦的，不喝了，老娘我不喝了，行嗎？」

林誼靖突然情緒大暴走，我被她突如其來的反應嚇住，瞪大眼看著她，才發現她說著說著，眼眶竟然紅了。

「妳幹嘛啦？」我挨到她身邊，抱著她：「到底是怎麼了啦？妳這樣子很嚇人耶，好啦，我陪妳喝啦，看妳今天要喝多少，我們就喝多少，喝不夠我再叫梁祐承去買兩手回來，好不好？」

被我抱在懷裡的林誼靖身體微微顫抖起來，她把頭埋進我的肩窩，原本僵直的身軀此刻已經放鬆，她用手環抱住我的腰，猶如溺海的人抓住救命浮木般用力，緊緊的、緊緊的……

許久，她哽咽的聲音含糊不清地鑽入我的耳裡：

「……他帶他老婆和孩子出國去玩了，他是一個叛徒，他說過他已經不愛她的，但他卻帶她去峇里島，那個他曾經說過要帶我去過二人世界的蜜月天堂……」

有時，對方隨口的一句承諾，卻會成為我們貼心珍藏一輩子的誓言。

梁祐承非常上道地沒有馬上回來，他給我們足夠的時間交心，也給林誼靖足夠的時間哭泣。

林誼靖很快就喝醉了，一半的原因是她的酒量本來就不是很好，另一半的原因，我猜是因為她根本沒吃晚餐，空腹喝酒更容易醉。

打電話給梁祐承時，他人還在外頭遊蕩。

「你現在人在哪裡？」我問。

「我已經繞著妳家樓下的小公園走了快五十圈了，怎麼樣，林誼靖還好吧？」

他的回答讓我啼笑皆非，這個人也太老實、太可愛了吧！

「她醉倒了，現在正躺在沙發上睡覺，你可以幫我買幾瓶蔓越莓汁回來嗎？如果她醒了，可以讓她解酒，啊，對了！順便幫我買一罐蜂蜜，萬一她頭痛，可以讓她喝點蜂蜜水……拜託你了。」

「好。」梁祐承完全沒思考就應允：「那我要不要先把滷味拿上去給妳？」

「不要再跑上來一趟了，反正我肚子也不餓，還吃不下，你等等買完東西回來，再一起拿上來就好了。」

「遵命。」梁祐承搞笑地回答完，就乖乖奉命行事去了。

我從房間拿出一條毯子蓋在林誼靖身上，坐在她身旁的地板上，靜靜看著躺在沙發上，已經喝醉又哭累而沉沉睡去的她，看著她臉龐未乾的淚痕，我突然覺得好心疼。

這麼好的女孩子，為什麼會遇到這麼爛的一段感情？

學生時期的林誼靖是一個多麼亮眼奪目的女孩！

她是我們班上公認的班花，活潑、漂亮、功課好，總是馳騁在排球場上。那時喜歡她的男生無數，每次情人節，班上就數她收到的巧克力最多，她也總是不藏私地把收到的巧克力拿出來分給班上其他女生吃，卻從來都不會公開那些男生寫給她的情書，她覺得那是他們用心寫給她的話，她有幫他們保守祕密的責任，即使她不喜歡他們之中的任何一個人，但面子，還是要為他們守住的。

她堅持寧缺勿濫，她要的只是一段全心全意的感情！

偏偏她遇見的卻是一個無法全心全意的人。

她以為自己可以灑脫的，但在愛情裡，一旦動了心，就再也沒辦法灑脫。認真，就是輸！

這是林誼靖說過的話，也因為是她說過的，所以她特別痛苦，她說這次她真的輸了，而且是徹徹底底地輸。

感情是一種咎由自取的選擇，怪不得任何人，只能恨自己沒眼光！

要是下次林誼靖真的介紹她男朋友給我跟沈珮妤認識，我一定要毫不客氣地狠狠揍他一拳，讓他嚐嚐痛在心頭的滋味，順便告訴他，林誼靖不是隨便誰都可以招惹的，要是他存心害她傷心，我跟沈珮妤絕對不會讓他好過。

正想著，林誼靖的手機就響了。

我一面翻開林誼靖的大包包找她的手機，一面在心裡思索著，若是這通電話是她男朋友打來的，我要用什麼樣惡毒的話狠狠罵他。

結果打電話來的是沈珮妤。

「喂，林誼靖，妳在哪裡啊？不是約好今天晚上在妳家等我，我要拿光碟給妳嗎？

妳到底……」

電話才一接通，沈珮妤的聲音就巴啦巴啦從手機那頭傳來，害我連要說話的機會都沒有，只好連忙截斷她的話。

「林誼靖醉死了啦！妳要拿什麼光碟給她，直接拿來我家吧。」

「妳……魏蔓宜喔？」沈珮妤肯定還滿頭霧水。

「廢話！」我失笑：「妳很誇張耶，好朋友的聲音都聽不出來呀？有這樣當好朋友的嗎？」

「哎唷，妳別挖苦我了啦！最近我快被我們補習班那些小鬼頭氣死了，明明跟他們說過哪些考題是重點，哪些數學公式要記得背，結果他們全給我當耳邊風，測驗時還一堆人錯，我看這次學校段考是凶多吉少了！」

「他們愛學不學隨便他們啊，妳操個什麼心？」

「我當然操心啊！他們考砸學校考試，學生家長會來補習班找我算帳，萬一影響到下一期的招生，就會換班主任來找我算帳，妳說，這樣我能不操心嗎？」

我只能乾笑。真是各行有各行的難處呀！

「林誼靖怎麼了？沒事喝什麼酒？」

頓了頓，沈珮妤又問我。

「她心情不好，來找我喝酒，但她的酒量妳也知道，三杯醉。」

「為了什麼事？」

「還能是什麼？我們這個年紀的女孩子，可以讓我們想要藉酒灌死自己的，除了感情之外，還有其他的嗎？」

「他們……分手了？」沈珮妤小心翼翼地問。

「沒有。」我瞧了瞧林誼靖，確定她依然熟睡才站起身走回自己的房間，說：「那個男的帶他老婆小孩去峇里島度假，林誼靖想不開，就拎著一袋啤酒來找我，剛才喝了酒，又哭又鬧了一陣子，還講了一堆咒罵那個臭男人的話之後就睡著了。」

「堅持一段不屬於自己的感情到底有什麼意義？早晚都是要歸還的，她為什麼那麼死心眼？」

沈珮妤嘆了口氣，我也嘆氣。

「她的固執跟死心眼都是與生俱來，妳也不是不知道，要是可以這麼容易就放棄一段感情，她也不會那麼辛苦了。」

「要不再找機會跟她談談吧！那種有家室的男人，肯定不會付出真心，十個裡有九個半都是玩玩而已，林誼靖那麼聰明，不可能連這麼簡單的道理都不知道。」

「當局者迷嘛！」我說：「不過感情這種事，總是要當事人自己有所領悟才有用，旁人就算說破嘴，她聽不進去就是聽不進去，白費唇舌罷了。」

沈珮妤沉吟片刻，才又開口：「欸，我過去妳家看看她吧。」

「好。」我說：「到我家樓下時記得打電話給我，我開大門讓妳進來。」

「好。」

掛掉電話，我又去看了林誼靖一眼，聽見她均勻的呼吸聲，幫她整了整被子後，便回到房間裡，打開電腦，一邊寫稿，一邊等梁祐承跟沈珮妤。

約莫四十分鐘後，沈珮妤的電話來了。

「欸，我不去妳家了，臨時有事我要先忙，林誼靖醒來的話，妳幫我傳個話，就說我再跟她約時間拿光碟片給她，那就這樣了，拜。」

沈珮妤完全不給我說話的機會，一講完就很帥氣地直接掛電話，我連「為什麼」這三個字都沒辦法順利問出口。

真奇怪！這個沈珮妤個性愈來愈急躁，難不成每天跟那群小鬼頭混在一起，也被傳染到青春期的陰陽怪氣？

還怔怔地望著手上的手機發呆時，客廳大門傳來鎖匙開啟的聲音，我走出去，看見梁祐承提了兩、三袋東西進來。

「抱歉，讓你跑這麼多地方買東西，害你出去這麼久。」

我滿懷歉意地衝過去，要幫忙提梁祐承手上的袋子。

「不重，我來就好。」梁祐承躲開我伸出去的手，對我笑了笑。

不知道為什麼，我覺得他的笑容有些勉強，一定是我請他買東西，他開車來回花了太多時間太疲累的緣故。

「對不起。」我挨近他身邊，撒嬌地拉著他的手，說：「不然我先泡杯蜂蜜水給你喝，甜甜的，會讓心情變得很好喔。」

梁祐承沒有馬上回話，他閉起眼，用手指揉了揉自己的眉心，頓了頓才開口，緩緩說道：

「我累了，先去洗澡，等等出來再說吧。」

即使再親近，我仍能從你眼中讀到許多自己不懂的情緒，而你卻從來不說明。

那天晚上，我們兩個人扶林誼靖去睡梁祐承原本睡的客房，本來梁祐承堅持要睡客廳，但我擔心夜裡會冷，堅持要他來我房間跟我同睡。

梁祐承遲疑了許久，我只是在一旁安靜地看著他，大概是我的眼神裡透露出祈望的訊息，最後，他終於點頭。

我其實也沒什麼其他心思，就只是不希望他睡在客廳沙發上，擔心夜裡的氣溫低，睡客廳容易感冒。

從櫃子裡又找出一條前幾天才剛曬過太陽的被子，遞給梁祐承時，我還開玩笑地對他說：

「你安心睡吧，我是正人君子，不會對你怎樣的。」

梁祐承這才笑出來，他一笑，我就安心了不少。

晚上回來後，他就不多話，常常都是我開口詢問，他才挑話回答。

雖然很想問他到底怎麼了，卻又不知道該怎麼開口，好像怎麼問都怪，追根究柢，應該就是我請他幫我買蜂蜜跟蔓越莓汁，忘了這時間是下班跟晚餐時段的交通尖峰期，他肯定是沿路遇到太多紅燈，或路口塞車，浪費了太多時間在這些本來不該發生的小事上才不開心的。

梁祐承把我房間的長沙發推到我床邊，堅持要睡在沙發上。

我早知道他是這樣的人，即使我是他女朋友，他依然很紳士，儘管牽手、擁抱，他卻從來不做逾矩的事。

他是一個可以讓人很放心與他同處一室的男人，雖然林誼靖說他過分的紳士實在超乎異常，還說他說不定有同性戀傾向，而我只是很倒楣地成了他感情上的幌子，不是真愛，不過我知道，他其實一切正常，只是對他來說，女孩子的聲譽形同生命，不是隨便誰都可以破壞的。

我沒再堅持要他跟我同床，其實，只要他陪在身邊，我就覺得滿足了。

於是這個晚上我不再工作趕稿，和他一人躺在床上，一人躺在沙發上，兩個人望著暗黑的天花板，各懷心事地沉默著。

良久，我翻過身面向他，昏暗的空間裡，我看不見他臉上的表情，卻能隱約瞧見他依然睜大著雙眼，一隻手枕著頭，靜靜地望著天花板。

看著他的側臉，我慢慢地伸出手，握住他放在被子外的另一隻手。

也許是我突如其來的舉動驚動了他，梁祐承身體微顫了一下，偏過頭看我，臉上堆起笑。

「怎麼了？睡不著？」他的聲音輕輕的，眼睛有笑意，彎成兩枚新月。

「嗯。」我用力點頭。

「要出去散步嗎？」

「咦？現在？」

「嗯，現在。」

「好啊。」

於是兩個人在寒意仍濃的三月天夜裡，穿著大外套，戴著毛帽，手牽手走在夜晚的台北街頭。

我挽著梁祐承的手，慢慢地跟著他的腳步走，一步又一步。

心，是踏實的。

梁祐承依然沉默著，好像有很多心事的樣子，我偷偷看了他好幾次，他的眼光卻始終望著前方，連一次都沒有側過頭來看看我。

這並不是他第一次這樣，以前，他只要對自己的堅持產生質疑就會這樣。

安靜的、不發一語的，一步一步向前走著。

偶爾他會邀我陪同，但大部分時候，他都是一個人從他住的地方，漫無目的地一直往前走，直到我打電話給他，問他人在哪裡，開著車沿路尋找才能找回他。

「對不起。」

看著梁祐承散發淡淡憂鬱的側臉，我躊躇片刻，還是決定道歉。

梁祐承轉頭看向我，呆楞了好幾秒後，笑了。

「沒事幹嘛道歉？」

「我害你今天晚上心情不好，所以要道歉。」

「妳哪有害我心情不好？」梁祐承勾起左手手指，輕輕敲了我的額頭兩下，笑著：「又在胡思亂想什麼？」

「我才沒有胡思亂想。」我盯著他的眼睛，認真地說：「因為晚上我請你去買蜂蜜跟蔓越莓汁，蔓越莓汁倒還好，一般的超商都買得到，但蜂蜜就真的比較麻煩，你還要特地跑一趟路去幫我找，我卻忘了那段時間是大家外出吃飯的交通尖峰期，你一定是遇上塞車才心情不好的吧？」

聽完我的話，梁祐承只是面無表情地看著我幾秒鐘，隨後他的眼睛跟唇角一彎，笑了。

「果然是編劇的料啊，想像力真的挺豐富。」

「啊？」

他又敲敲我的頭，玩笑般地說：「這顆腦袋裡到底都裝了什麼東西啊？成天成夜地編故事，不累嗎？」

我困惑地望著他。

「不是妳想的那樣。」他一臉溫柔地看著我，幫我撥掉被風吹散在臉龐上的髮絲，輕聲說：「只是有些煩心的事才這樣，不是因為妳叫我去買東西的緣故。」

聽見他這樣說，我總算真的放心了，睇望著他，一枚大大的笑容就這樣從唇際綻放開來。

「你害我擔心憂鬱了一整晚。」

想要假裝哀怨地扁扁嘴，但心情大好之後，連想偽裝委屈都很難，笑意正濃，實在很難掩人耳目。

「妳直接問我不就好了？一個人在那裡瞎猜，白白把心情搞糟，好傻好天真啊。」

我瞪他一眼：「不就是你害的？還敢在這裡跟我耍嘴皮！」

「傻傻的，妳！」

「不傻怎麼會被你騙？」我又親暱地勾住他的手臂，笑得燦爛。

「還好妳是被我騙到手，我善良純樸又無毒無害，妳是祖上積德才遇見我。」

我睜大眼盯著他：「哇！好大的口氣啊！真臭屁！」

梁祐承笑得傻氣，看著他，我突然覺得自己好像真的很喜歡他。

林誼靖說過，當一個女人真的很喜歡一個男人時，就會渴望安定，渴望他一直在身邊，渴望為他生兒育女，渴望成為他生命中最重要的女人。

我慢慢地把本來勾在他臂彎的手移到他的腰際，抱著他，把頭埋進他的胸前。

梁祐承太習慣我的擁抱，所以他毫不遲疑地也用他的手環抱住我。

我們兩個人就這樣安靜地擁抱，安靜地聆聽彼此的心跳聲，一聲又一聲，像一曲悠揚綿長的樂音，在我們兩個人的小宇宙裡不停地演奏。

良久，我的聲音從梁祐承的胸膛悶聲響起：

「……我們結婚吧，我想跟你一直一直走下去，不想分開了……」

在那當下，我能感覺自己臉頰的灼熱，能確定自己語氣中的堅定，能聽見耳膜裡血液加速流動的鼓動聲，能感受梁祐承飽受驚嚇而微微僵直的身軀……

我能體會到的確定感受有那麼多，唯一不能確定的，是梁祐承的答案。

那個我一直想要知道的答案。

一輩子，多麼幸福的字眼。

一輩子愛一個人，一輩子只為一個人哭笑，那就是我想要的永遠。

林誼靖的壞心情並沒有持續很久，在她男朋友回國的第五天，她就笑嘻嘻地約沈珮好跟我一起聚餐。

我準時在約定的時間出現，走到餐廳門口，碰巧遇到和我同時抵達的沈珮好，我們兩個人走進餐廳時，林誼靖早就來了，她穿著一襲漂亮的鍛面亮金色洋裝，坐在她預約好的座位上，熱情地朝我們兩個人揮手。

「你們和好啦？」

我才一坐下，正在脫外套，沈珮好就好奇地開口詢問。

「嗯。」林誼靖笑咪咪地點頭：「早和好啦，又不是什麼天大的事，幹嘛一直僵著氣氛，多難受！況且啊，他還算有心，出國時買了一堆禮物送我，想不消氣都很難。」

「瞧妳樂的！也不知道是誰喔，男朋友一出國就拎著一堆啤酒來找我喝，說寧願讓啤酒淹死，也不要被那個臭男人氣死呀！那些咒罵對方掉髮變禿頭、出門踩到狗大便、開車開到車拋錨……這些幼稚到不行的詛咒還言猶在耳，怎麼才幾天工夫，咒罵者跟被詛咒的人就又甜甜蜜蜜啦？」

沈珮好聽我這樣說，先是楞了楞，接著不可抑制地狂笑起來。

一面笑還一面拍著林誼靖的肩膀說：「妳啊……妳怎麼還是這麼的……有喜感啊？連詛咒的話都這麼……好笑！」

「欸！我在罵他的時候是很認真的好不好？哪裡有喜感了啊？我也是含淚痛苦不已地在詛咒他呢！」

見沈珮好笑得誇張，林誼靖則板起臉，一本正經地說。

她不發聲還好，一出聲解釋又是一臉正經八百的模樣，搞得沈珮好好不容易快要停下來的笑聲又更加猖狂了。

「喂喂喂，沈老師！形象，形象呀！」我拉拉沈珮好的手。

沈珮好已經整個人笑到趴在桌面上，身體還不停地抽搐，我真怕她會笑到中風。

「不要理她，讓她笑到飽好了，我們先來點餐。」

林誼靖舉手招來服務生，從打扮可愛的服務生手上拿了兩份菜單，遞一份給我。

我跟林誼靖點好餐之後，沈珮好才勉強止住笑，從我手上拿走菜單細細研究，再點一份她想吃的餐點。

只是服務生離開後，她又忍不住笑起來，不過這次情況稍好一點，她比較能克制住，不再趴在桌上誇張大笑，只是低著頭，不出聲地笑著，身軀因為忍不住的笑意而微微顫動。

「到底是哪裡好笑啦？真搞不懂妳！明明就不好笑！」

林誼靖睜大眼、皺著眉，一臉困惑的表情。

她不明白整件事的笑點到底在哪裡，我也不明白。

不過我卻很開心，除了「笑」是一種會傳染的情緒外，我好像已經很久沒看到沈珮好這樣大笑了。

江瑞志的離開，在沈珮好小小的世界裡掀起狂風暴雨，他讓愛笑的沈珮好變得憂鬱，也讓開朗的沈珮妤變得沉默，沈珮妤失去的不僅僅只是愛情，還有她自己。

經過幾年的沉澱，我不知道沈珮妤是不是已經復原，是不是還是那麼在乎江瑞志，是不是真的讓自己的心隨著那段感情的離開而掩埋在回憶裡。雖然她總是笑著說：「早走出來啦，哪有那麼多時間感傷過去！」但我和林誼靖都知道，沈珮妤只是在故作堅強。

她就是那麼好強的一個人，即使在剛失戀的那段時間，即使是在最痛苦的那段歲月，她也總是盡己所能地忍著，努力不在我們面前哭，勇敢得像什麼事都沒發生過一樣。

明明很脆弱，卻還是要偽裝堅強！

之後，她絕口不再提江瑞志這個人，也不再觸碰感情，她用層層冷漠包裹自己，不再天真浪漫，也不再期待愛情。

「我看妳心情不錯唷，怎樣？是不是有什麼好事發生？」

林誼靖也看出沈珮妤的不一樣，她睜大雙眼，身體向前傾，盯著沈珮妤，一副八卦嘴臉地問她。

「是有好事呀。」沈珮妤嫣然一笑：「妳請我們吃飯不就是好事？」

「這個不算！」林誼靖揮揮手，又重新堆起笑容，繼續八卦：「我之前聽說有人追妳，是不是真的？」

沈珮妤睨了林誼靖一眼，又拿起桌上的水杯啜飲一口水，才說：

「哪裡聽來的不實消息？沒有！」

「騙人！」我跟林誼靖同時開口，接著我說：「就算我離群索居，成天關在房子裡跟自己的稿子打架，有人追妳的傳言還是不時會傳到我耳裡呢。」

沈珮妤一臉淡定地看看我，又瞧瞧林誼靖，才緩慢開口：

「果然不能小覷以訛傳訛的流言威力，沒有的事都會繪聲繪影給傳成真的，好可怕。」

「有人追是好事，幹嘛神神祕祕的不肯承認？」林誼靖不解。

「八字還沒一撇的事，拿出來講什麼呢！」沈珮妤回她。

「八字還沒一撇？」林誼靖低聲重複一次後，突然喜上眉梢：「這麼說，是真的有人追妳了？」

「就說了沒有！」沈珮妤依然淡定：「妳們怎麼比我爸媽還要著急我呀？」

我嘻嘻一笑，攬住沈珮妤的肩，用甜膩膩的聲音說：

「因為我們是好姊妹嘛。姊妹間，本來就會相互關心。」

「對啊。」林誼靖和我一搭一唱：「所以妳如果有對象，我們肯定會非常開心，也不要求對方的外貌或家世，只要他真心對妳好就好了。」

「有的話再跟妳們講啦！好好一頓飯，別把話題繞著我轉嘛！」沈珮妤嘟著嘴，說著說著，就看向林誼靖，問道：「怎樣？妳家那個送了妳多少東西，馬上就又收買到妳的心，讓妳回心轉意啦？」

「也不算多，不過送禮就是要送到我心坎裡嘛，是不是？」林誼靖打開包包，開始拿出她收到的禮物，一邊拿一邊說：「我不是因為禮物才原諒他，是因為他真的有心，為了買這些東西，他背著他老婆，自己說要出去走走逛逛，每天買一、兩樣東西，幾天下來，我的禮物就有這些了。」

沒多久，整張桌面全被林誼靖的禮物佔據，林林總總加起來有十多樣。

「妳把這些東西全塞在妳包包裡啊？」我驚呼，難怪她今天揹了個這麼大的包包出來。

「妳根本就是來炫耀的嘛。」沈珮妤拿起一個繡花小包包細細觀看：「這個好漂亮，超愛的。」

「超愛就送妳，別說我小氣。」林誼靖笑嘻嘻地說：「我是為了妳們的福利著想耶，不然哪有人出來吃頓飯還帶一堆東西出門的？這些東西看起來都小小的，可是那木雕啊、手工皂啊，雜七雜八加起來，也是很有重量的好不好？給妳們看這些東西，才不是為了炫耀，是想著也給妳們挑些喜歡的東西當紀念，反正我拿這些東西也只是丟進櫃子裡，不一定用得到，倒不如就拿出來跟妳們一起分享囉。」

「哇！我好感動唷，林誼靖，妳真是太有心了。」我假裝感動地抱抱她，隨後馬上拿起放在桌子中央那瓶香水，臉上露出大心表情：「那我要這個。」

「這個可不行！」

林誼靖一把搶過我手上的香水，寶貝地抱在懷裡：

「這是他從免稅商店買回來的，是我慣用的香水，不能送妳，妳挑別的，其他的東西妳只要挑了，我保證不會搖頭。」

「哎唷，林誼靖，妳說話不算話啦！不是說桌上的東西隨便我們挑嗎？」

我刻意皺起眉頭，哀怨地看著她：

「那款香水的味道我也很喜歡啊，妳送我，我擦了後保證時時刻刻惦記起妳，想著我們兩個人身上有相同氣味，那是件多美妙的事，好朋友才會這樣呢。」

「不行不行不行。」林誼靖抱著那瓶香水搖頭：「妳都在家寫稿，哪需要擦什麼香水啊？桌上的東西妳再挑挑，這瓶香水就是不能送妳。」

「那我要挑兩樣！」我伸出兩根手指頭，露出可憐兮兮的表情。

「妳土匪啊？」林誼靖叫著，但一見我可憐的神態，只好妥協：「好啦好啦。」

「耶。」我雙手高舉歡呼：「妳人真好！超級愛妳唷。」

儘管人生中有不可避免的風雨，幸好，我還有妳們。

姊妹淘聚餐完，我送沒開車來的林誼靖回家。

車上，她哼著歌，看起來好像很快樂。

我將車上播放的古典音樂音量轉到極小聲，不想打擾了林誼靖的興致，看她那麼快樂地哼著歌，我的嘴角也微微上揚。

好像人到了一定的年紀，就會想要擁有這麼簡單的幸福。

以前我是不能明白的，但如今，在歷經種種生活壓力之後才頓悟，原來僅僅只是一起吃飯、聊天這樣簡單又平凡的事，也能讓人這麼快樂。

學生時期，天天和林誼靖、沈珮妤攪和在一起，即使是每天在學校有講不完的話，回家還是會繼續煲電話粥。那時覺得這樣的生活是一種理所當然。

上大學後，雖然各自有了新的朋友圈，但偶爾仍會聚在一起吃飯、聊天、唱歌。那時，覺得和她們在一起是沒有壓力的，是可以很自我的，是能夠哭笑都不用掩飾的。

一直到出社會，開始了不再受家人保護的人生，開始接觸到形形色色的人，開始了解原來一種米真的養百種人，那些看似單純的工作環境其實一點都不單純，也看清楚原來生活中竟然充斥著那些微笑背後總藏著數把刀，轉眼間能狠狠捅你幾刀，卻又虛情假意詢問你是否安好的人……我才徹底明白，原來以前那些不斷背誦與考試的蒼白人生，才是生命中最單純美好的階段。

也終於明白，那些一路上陪著我們走過來的，年少時期認識的朋友們，才是拿真心對待我們的人。

聽見林誼靖哼歌，我才想起，我好像也好久沒有唱歌了。年少時期，我們都曾幻想過要當歌星，明明歌聲真的不怎麼樣，卻還是停止不了幻想。

那時沈珮妤忙著談戀愛，沒空陪我們天馬行空，所以常常都是林誼靖跟我一起做巨星夢。

現在想起來，那段過往真的很幼稚，可是也好快樂。

「要去唱歌嗎？」

不經思索的，我開口問道。

自顧自唱著歌的林誼靖好像沒有聽清楚我的詢問，依然哼著歌，轉頭看我。

「妳剛才有說話嗎？」她問。

「問妳要不要去唱歌。」

「現在？」

「對，現在。」

「只有我們兩個人？」

「可以打電話約沈珮妤，她應該也還沒到家。」

「妳是突然想到喔？這時間說要唱歌，明天妳不用上班，但我們要耶。」

「喔，所以這個提案不通過？」

「過！怎麼不過？」林誼靖興致勃勃：「唱歌耶，怎麼可以不去？管他明天要不要上班，今朝有酒今朝醉，是不是？」

林誼靖永遠都這麼有活力，真羨慕她！好像再傷心難過的事，她都可以淡然釋懷，我雖然也不喜歡讓煩心事擾亂心境，但多少也得要幾天的時間去消化那些難過，沒辦法像林誼靖這樣，一煩擾，只要喝個爛醉，哭一哭，兩天之後又能生龍活虎，彷彿什麼事都沒發生過一般。

「我來打電話給沈珮妤，問她要不要一起去狂歡。」

林誼靖打開她的大包包，手在包包裡翻啊翻的，還沒翻到手機，來電鈴聲就響起了。

她循聲找出手機，瞧了瞧螢幕上的來電顯示，看著我笑：「說人人到。」興沖沖地跟沈珮妤問了意見，沈珮妤大概也沒反對，於是林誼靖又問我：

「欸，哪間ＫＴＶ啊？」

「隨便，有包廂、麥克風唱得出聲音的就好。」

於是林誼靖跟沈珮妤約了地點，是之前我們常去唱歌的那間ＫＴＶ。

「還要找其他人嗎？」

結束通話後，林誼靖問我。

「妳想找誰？」我反問她。

「妳要不要問梁祐承來不來？」

「他來幹嘛？這時間他差不多在畫圖，再晚一點也就要睡了。妳又不是不知道他那個人超養生，很重視生理時鐘排毒那一套，約他來一點都不明智，搞不好十一點一到，他就會嚷著要散會，因為那時是肝膽排毒的時間。」

林誼靖一聽便大笑出聲，說：「他這個人真妙！一點都不像現代人，把他放到古代去，他肯定不會適應不良。」

「所以我才頭痛。」我接口：「妳也知道幹我們這行的，靈感大好的時間通常都在晚上，常常我晚上八點打開電腦，但東摸西看的，稿子完全沒任何進度，可是一到了晚上十一點，他老人家打電話來，提醒我該早些休息了，我的文思卻突然泉湧了，妳說，我到底是該聽他的話，對自己的身體好一點呢？還是乾脆犧牲一點，對自己的存款多點貢獻呢？」

「他會為了這種事罵妳嗎？」

「不會。不過他常常都會對著電話嘆氣。」

「不會就好了啊！他也是關心妳才這樣。」

「但聽見他的嘆氣聲，我就覺得自己好像真的很壞，總是讓他擔心。」

「想那麼多做什麼？妳其實是很幸福的，有個可以光明正大挽手逛街的男朋友，生病時，他還能陪在妳身旁；想聽他的聲音時，可以不管什麼時間就打電話給他；不用時時刻刻擔心是不是他跟妳的約會又要爽約了，是不是他根本沒把妳說過的話放在心上，是不是他可以多分點時間陪陪妳……妳知道嗎？以前我覺得兩個人只要有愛，什麼挫折困難都可以不算什麼；可是現在我覺得，這樣把一顆心剁成兩半，無法完整、沒有永遠、看不見未來的日子，真的是太辛苦了。」

林誼靖說得聲音哽咽，我也聽得鼻子發酸。

「……妳值得更好的。」我是真心這麼想，所以才這麼說的。

「我知道。」林誼靖低下頭，聲音也低低的，如呢喃一般：「可是感情這種事，要怎麼評論好不好呢？我覺得他很好，只可惜我們相遇的時間晚了太多，我在他有另一半的時候遇見他，雖然我從來沒想過要破壞這樣的平衡，但是心卻早已經失衡了……」

我沒有馬上接口，在心裡琢磨著要怎麼回她的話，卻好像怎麼說都不對。

在愛情的世界裡，永遠沒有對錯，只有真不真心。

他對林誼靖盡心盡力，但他們的愛情卻無法永久，相遇得晚，好像就喪失了先發權，林誼靖就算再怎麼力挽狂瀾，也是徒勞無功。

側頭看了林誼靖一眼，她正好也轉過頭來，對上我的眼睛後，她悽然一笑，說：

「愛比不愛，更寂寞。」

「唔？」

「以前我覺得那真是鬼扯，什麼『愛比不愛，更寂寞』！可是真的面臨了，才明白愛真的比不愛更寂寞。尤其那是一個就算妳付出所有感情，依然不能擁有的人……」

所以我們總在歡笑與淚水中輪迴，因為愛情，我們變得多愁善感了。

對女人而言，好像她們談論的話題永遠離不開愛情，嚴重的程度，就跟一群男人聊天時，話題總圍繞著政治議題或者職籃、職棒打轉一般。

不管是十六歲的女人，或是六十歲的女人，都一樣期待愛情裡的怦然心動。

只是，愛情裡真的有那麼多的怦然嗎？

怦然之後的平淡呢？平淡之後的索然無味呢？索然無味之後的冷戰呢？

兩個人要在一起，並不單單只靠喜歡就能維持，更多時候，需要的是體諒與包容。

身為女生的我們，偶爾會任性，會耍耍小脾氣，希望男朋友能放下身段來安撫，或者任勞任怨地供我們差遣，期望他們能以行動來證明我們在他們心中的份量，確定對方是否真的愛自己。

但男生卻不一定會照單全收！

他們有自己的尊嚴，尤其是在自己的哥兒們面前，他們不希望自己小男人的模樣被其他人看見，那有損他在哥兒們眼中的形象。

所以愛情沒有是非，不論對錯，只有懂得讓步，才能海闊天空。
偏偏女人喜歡放大愛情，把愛看成無限大，失落，也就變得無限大。

「所以我呀，即使寂寞，也不向自己的男人哭訴。」林誼靖說：「男人都喜歡自己的女人眉開眼笑，討厭她們哭哭啼啼的，我才不要自己變成他討厭的女人呢！」

「妳這是好強、死要面子、硬撐！」我說：「適時的脆弱又有什麼關係？強顏歡笑才不快樂呢！又不是無理取鬧，還怕他嫌棄妳不成？淚眼婆娑最迷人了，妳懂不懂？」

「我就沒這種困擾。」沈珮妤雲淡風輕地笑著：「我現在是美好的單身狀態，完全沒有男人會來擾亂我的生活，我要哭要笑都沒人管得著，也不用小心翼翼去伺候任何人的脾氣……哈哈，說來說去，我最聰明！」

林誼靖跟我同時瞪向沈珮妤，異口同聲：「我們要排擠妳，滾開！」

Chapter 3 擁抱的距離

三個人的包廂裡，我們一人拿著一支麥克風。

一開始我們盡點一些歡樂的歌，三個人像發瘋了一樣唱著叫著，還完全不顧形象地站在沙發上跳舞，把包廂當成演唱會現場，把自己當成國際巨星，林誼靖還很應景地在每首歌唱完後，用特有音效製造觀眾鼓掌歡呼的聲音，搞得沈珮妤跟我笑到完全直不起腰來。

幾首又唱又亂跳的快歌之後，我第一個宣佈投降。

「我不行了……」我摀著胸口，邊喘邊笑著說：「妳們也太瘋狂了吧！簡直像神經病……」

「妳怎麼這麼弱呀？才跳沒幾下就喊累！是不是年輕人啊妳？」林誼靖的聲音透過麥克風傳出來，整間包廂還迴盪著被拉得長長的回音。

沈珮妤也拿著麥克風接下去：「就叫妳不要成天坐在電腦前，有空要去操場跑一跑，增加心臟的跳動速率，身體是自己的，三十歲以前，妳怎麼對它，三十歲以後，它就怎麼對妳……」

我又大笑起來，一面笑一面說：

「沈珮妤，妳跟梁祐承果然是同一所大學畢業的，你們連講的話都好像唷！」

包廂裡，五彩繽紛的舞台投射燈照射之下，我看不清楚沈珮妤臉上的表情。

接著下一首歌的音樂又響起，林誼靖興奮地叫著：「我的歌、我的歌，沈珮妤，妳跟我一起唱。」

「好。」

於是，我的兩個好朋友各抓著一支麥克風，繼續跳到沙發上扭腰擺臀地唱著歌，一副好歡樂的模樣。

我坐在一旁笑著打拍子，又拿起桌上的冰啤酒猛灌了好幾口。

終於，沈珮妤也唱累了，她笑著搖手，說：「我……我也不行了！林誼靖，還是妳最強，都給妳唱好了……」

「就說了我是欠栽培，要是我那時有好好訓練，台灣的天后就非我莫屬了。」

林誼靖一臉萬夫莫敵的得意表情，說罷，邊說口渴，邊拿起啤酒，三兩下就喝光一罐。

沈珮妤坐到我身邊來，對林誼靖說：「我要加入魏蔓宜的鼓掌部隊，接下來的一個小時就讓妳一個人獨挑大樑好了，加油！」

「沒問題、沒問題，一切看我的，妳們今晚算是有耳福了，由我唱歌給妳們聽，那是多少人求之不得的呢。」

說著，她又開了一罐啤酒，湊到嘴邊去喝了幾口。

「喂，別喝那麼多啦！妳今天是來唱歌，不是來灌酒的耶，小心喝醉了。」我衝過去搶下她手上的啤酒。

「我只是口渴嘛。」林誼靖吐了吐舌頭，露出可愛的表情，笑著：「而且我哪那麼容易就醉了？」

「妳就是那麼容易就醉了！」沈珮妤跟我異口同聲地說。

「好啦好啦，不喝了……那我還是乖乖唱歌就好。」

之後，林誼靖不再活蹦亂跳，她坐在房間的角落，開始唱起一些抒情歌。我跟沈珮妤並肩坐著，眼睛偶爾會看著螢幕上的字，跟著唱幾句，兩個人有一搭沒一搭地聊著天。

知道沈珮妤不喜歡聊到梁祐承，我就盡量避開這個話題，想不到她竟主動問起他。

「聽說要出書了？」她問。

「嗯。」我點頭：「林誼靖跟妳說的？」

「不是，是以前學校一個學姊跟我講的，她說是聽其他學長說的，因為我偶爾還會跟那位學姊聯絡，前幾天打電話去請教她一些事情時，她剛好隨口提起，我就想著這麼大的事，妳怎麼沒跟我說。」

「我知道妳不大喜歡梁祐承，也不愛提起他，所以才沒跟妳說。其實出書也不是什麼大不了的事，不過對他而言是一種跨出一大步的鼓舞，有被肯定的感覺。」

沈珮妤若有所思地點點頭，一張小臉上彷彿有很多心事，她不說，我也不敢恣意探詢。

雖然我們三個人從高中起就是死黨，但沈珮妤的個性本來就不多話，多半時候都是林誼靖跟我在唱雙簧，沈珮妤倒成了我們三個人之中最安靜的那一個，她習慣把很多事壓進心底，失去江瑞志之後，這情況尤其嚴重，我又是個不擅長挖人隱私的人，久而久之，雖然表面上我們三個人仍舊友好，但不知不覺中，我跟沈珮妤卻不再如高中時那般交心。

反倒是熱情的林誼靖既可以跟我無話不談，也可以跟沈珮妤暢所欲言，她成了維繫我跟沈珮妤情誼的靈魂人物。

「要不等哪天領到稿費了，我就拗他請客，妳跟林誼靖都來，我們一起去大吃一頓，好不好？」

「他一定會覺得妳的朋友都很土匪。」沈珮妤笑了。

「土匪也得請，誰讓妳們都是我的好朋友，他就得無條件地接受妳們。」

「這種事我說了不算，得問問林誼靖的意思，她答應了我才敢去，要不然被學長說我是貪吃鬼，多冤枉！」

沈珮妤的話逗得我開心地笑了，這應該是第一次，她彷彿不那麼討厭梁祐承了。在心底，我其實很希望她也能喜歡梁祐承的，因為梁祐承是我愛的人，而沈珮妤跟林誼靖是我生命中最重要的兩個朋友。

我的愛情需要她們兩個人的認同，唯有如此，我才會真的開心。

「那妳大可放心了，只要一講到吃的，林誼靖通常是當仁不讓，尤其是有人請客，她肯定會排除萬難去赴約。」

我一說完，沈珮妤就一個勁地點頭表示贊同。

正聊著，本來在一旁專心唱歌的林誼靖唱著唱著，居然哽咽起來。

沈珮妤跟我面面相覷。

螢光幕上正播放著周慧敏的〈保護〉。

「她去哪裡學會唱這首歌啦？以前都沒聽她唱過。」沈珮妤低聲問我。

我聳聳肩，又反問沈珮妤：「她剛才不是才只喝了一罐多一點的啤酒嗎？應該不會是醉了吧？她酒量那麼差。」

「看起來不大像，她還能跟上節拍，應該不是醉了。」

林誼靖一面哭，還一面斷斷續續地唱著：

「……我願將全心全意都付出，無怨無悔不說苦；一生一世守候著你，任春去春來朝與暮；只要沒說的孤獨，你心疼你清楚，女人都希望被保護……」

我以前曾經在車上聽廣播時聽過這首歌，那時也沒多大感觸，但如今被林誼靖用哽咽的聲音一唱，又看了歌詞，突然能明白林誼靖的寂寞。

又想起她晚上在車上跟我說過的：愛比不愛，更寂寞。

也許，當我們懂得愛一個人的那一瞬間，就是寂寞的開始。

女人總是希望被保護的。

我負責送喝得爛醉如泥又哭得一塌糊塗的林誼靖回家，扶她進家門時，她還硬抱著我的脖子，哭著不讓我走，嘴裡唸的卻是她男朋友的名字，幸好一雙眼哭得通紅的她沒有吐，萬一真把今晚吃的東西全吐在我身上，我肯定要好一陣子不理她。

感情這種事，全是自找的！

當初也是她自己不顧我跟沈珮好的反對，堅持要玩火，就說了對方是有家室的人，她偏說有家室也阻止不了他們兩個人的愛情，況且她不會做非分的要求，只要能跟他在一起就好，她不會破壞他的家庭，不會害另一個女人傷心。

愛情如果真有這麼簡單就好了。

喜歡一個人很簡單，但有喜歡就會有欲望，欲望會讓人不安於現狀，總想要得到多一點、再多一點。

無窮無盡，終至毀滅。

我不想可憐林誼靖，但看她哭成這樣，又不自覺地心疼。

好好的一個女孩子，非要為了感情搞得這樣狼狽，好不值得。

偏偏當局者迷，任憑我們說破嘴，她就是一個勁兒地往裡頭栽，千軍萬馬都拉不回頭。

把林誼靖安撫好，看她哭累了沉沉睡去，我還特意去廚房幫她倒了一杯水，放在床邊的小茶几上，讓她醒來口渴可以直接有水喝。

安靜地看了她一會兒，又幫她蓋好被子，我才熄掉客廳的燈，離開。

回家的路上沒什麼車，已經是深夜，整個世界好像都睡著了一般，不如白晝的車水馬龍。

寧靜的夜裡，我不喜歡聽古典音樂，於是開了廣播，總覺得聽見廣播裡ＤＪ說話的聲音才會安心，至少知道有人跟我一樣是醒著的。

ＤＪ講了一串話，我沒仔細聽，然後他開始播歌，第一首居然就是周慧敏的〈保護〉。

晚上才在ＫＴＶ聽林誼靖唱過，歌的旋律還很清晰記得，歌詞也大約記得一些，於是我就這樣跟著廣播裡的聲音，輕輕哼唱起來。

愈唱，心裡愈有悽然的感受，也愈能體會為什麼林誼靖會唱到泣不成聲。

女人真的都希望被保護的。

儘管任性、儘管跋扈、儘管獨立、儘管霸道，但不管是什麼樣的女人，她的內心裡都住著一個小小的小女孩，脆弱、善感、依賴、怯懦，希望有個人會站出來勇敢地保護她。

這首歌唱出大部分女人的心聲，當然也包括我。

回到家，才剛要把車開進地下室，就看見路燈下站了一個人，仔細一看，居然是梁祐承。

停了車，我搖下車窗叫他。

他跑過來，坐上副駕駛座，看著我直笑。

「怎麼了？這麼晚還出來！怎麼沒打電話給我，一個人站在路邊傻等？」

開了地下室的電動門，我緩慢將車滑入地下室，才又關上電動門。

「我打了，但妳手機可能沒電了，一直轉入語音信箱。」

「真的？」我熟練地倒車入庫，停好車，跟梁祐承同時開了車門。「難怪今天晚上手機好安靜，都沒半通電話吵，原來是沒電了。」

「妳晚上不是跟林誼靖她們去吃飯？怎麼這麼晚才回來？都半夜了呢。」

「我們吃完飯去唱歌。」

鎖上汽車中控鎖後，我挽住梁祐承的手，笑嘻嘻地說：

「林誼靖唱歌唱到哭，還喝了幾瓶啤酒，醉得一塌糊塗，我只好送她回家，像宮女一樣地服侍她睡著才偷偷溜回家。」

「唱歌唱到哭？」梁祐承好奇地看著我：「什麼歌可以讓她這麼感動？」

「不是感動，是感傷。大概是歌詞符合她的心境，所以她唱著就哭了。」我把歌名跟梁祐承講了一遍，又問他：「你聽過這首歌嗎？」

梁祐承搖搖頭。

「本來也不覺得這首歌有什麼特別，但林誼靖竟然唱到哭，於是我就用心去聽，才發現，原來這首歌唱出很多女人的心聲。」

「也包括妳嗎？」

我認真地點頭：「女生哪，不管到幾歲，都希望能被珍惜、被保護，誰不希望自己被捧在手心呵護？」

梁祐承定定地看著我，幾秒鐘後笑了。

他用手揉了揉我的頭髮，溫柔地說：「放心，我不會讓妳受委屈的。」

我的眼眶有些發熱，雖然早知道梁祐承是個長情的人，對我也盡心盡力，但親耳聽見他這樣說，我還是很感動。

回到家，我問他今晚是不是要住下來，他笑笑地說：「本來想確定妳沒事就回家，但妳剛才說女生都想被保護，所以我就假裝勇敢地留下來，保護妳一晚。」

大概是因為他剛才說了那句讓我感動的話，讓我的心情變得很飛揚，所以當他用玩笑的語氣這麼說著時，我就誇張地笑了。

「那你今天晚上要像上次那樣跟我同房睡，不然不讓你住下來。」我威脅他。

梁祐承想了一會兒，露出壯士斷腕的表情，點頭：「可以，但我能不能睡沙發？」

「行。」我點頭，又神祕兮兮地朝他笑著。

「笑什麼？」梁祐承見我笑，便不由自主地跟著我笑，但他實在不明白我到底在笑什麼，只好一邊傻笑一邊問我。

「為了這一天，我前兩天剛寫完稿子就做了一個決定。」

「什麼決定？」

「你跟我來。」我拉著他，推開我的房間門，指著牆邊一張嶄新的沙發床，說：「鏘鏘鏘鏘，溫暖又舒服，好躺好睡又好用的沙、發、床。」

「妳特地去買的？」梁祐承露出吃驚的表情。

「對啊。」我點點頭：「我本來就想把那張舊沙發換掉了，剛好上回你來房間陪我，我看你躺在上頭睡得也不舒服，整晚翻來覆去，就更加堅定要換張可坐可躺的沙發床，這樣如果跟你耍賴要你陪我睡時，你就有舒服的床可以睡囉。」

梁祐承看著我，從他的黑色眼瞳裡，我看見更小的一個我，然後他說：「謝謝。」

「幹嘛道謝？」

我被他莫名其妙的道謝弄得有些不好意思起來，連忙走過去拉那張沙發床，要把它拉到床邊來，說著：

「反正都是要換的，本來有想過要換貴妃椅，但那間傢俱店的款式我都不喜歡，沙發我也不想考慮，想來想去就覺得這種沙發床最實用，椅背立起來可以當沙發用，椅背放下去可以當大尺寸的單人床，好用又實在。」

梁祐承跟著走過來，接手我挪動沙發床的工作，對我說：「我來就好，妳是女生，這種粗重的工作還是讓我做吧。」

「我哪這麼嬌貴呀！不過就是把它拉到我的床邊，這點小活我還做得來。」我嘴裡這麼說著，卻還是乖乖退到一旁。

「妳是我女朋友，凡是可以由男朋友代勞的工作，女朋友就應該盡量讓男朋友表現。」梁祐承三兩下就把沙發床拉好。

「你這樣會把我寵壞的。」我皺著眉、嘟著嘴說，心裡頭卻像被花蜜淋過一般，甜孜孜。

「寵壞才好。」梁祐承難得油嘴滑舌：「這樣妳才不會被外面的壞男人騙走，就能永遠留在我身邊了。」

即使是油腔滑調，但，甜言蜜語總是最動聽。

日子很平淡地過著，不寫稿的日子，我的生活簡直跟個廢人差不多，每天都睡到快中午才起床，隨便吃點東西後，就黏在客廳沙發上看ＤＶＤ，最近迷戀大陸宮廷劇，租了一堆DVD回家看，常常都會邊看邊罵，一面咒罵後宮的女人個個陰險狡詐，一面慶幸自己活在現代。

常常看DVD可以看到深夜，除了吃飯、睡覺、洗澡、上廁所之外，其他的時間幾乎都是跟沙發緊密擁抱著。

梁祐承這陣子忙著修改他的圖稿，他的書下個月月底要出版了，他既興奮又緊張，非常用心地修著圖稿，想把最好的一面呈現在書裡。

因為他正忙著，所以我盡量不讓自己打擾到他工作，努力地克制自己，不打電話找他，心想，也許等他忙完一個段落，就會主動找我了。

沈珮妤也忙著，她帶的補習班學生快要學校期末考試了，她正努力地幫他們複習功課，加強練習測驗題型。

「現在的小孩比我們那時候還要可憐很多，要求全方位的學習，常常才從補習班下課，還要趕去才藝班，我看我們班上好幾個學生天天愁眉苦臉，好像不知道快樂是什麼，真擔心會不會有一天，他們被逼到人格分裂……可是這種話又不能讓學生家長聽到，不然被誤會我是在詛咒他們的小孩，又會是一場風波。」沈珮妤曾經嘆著氣這麼說。

所以她總是盡可能在上課時，利用幾分鐘的時間，跟那些「身負重任」的孩子們講一些人生道理。她告訴他們，就算肩膀的重擔再怎麼重，也不要忘記自己體內的熱情，或許這個世界是不美好的，但只要還記得怎麼微笑、怎麼愛，就算再不美好的風景，只要透過有愛的眼睛去看，也會變美的。

我覺得沈珮妤的日子雖然忙碌，但她忙得很開心，偶爾收到已經離開補習班，進入另一個求學階段的學生們送來的卡片或咖啡，她都會很開心地用手機拍照下來，傳送給林誼靖跟我，讓我們分享她的喜悅。

倒是林誼靖，自從上次一起去唱過ＫＴＶ後，她就沒再跟我聯絡了。

不過這不是她第一次這樣，有時她忙起來，就像人間蒸發一樣，徹底地消失一段時間，直到她忙完，就又會粉墨登場，繼續未完的戲分。

廢人般的日子過了將近三個星期，梁祐承終於忙完，他在一個星期六的中午打電話給我，問我願不願意陪已經在家關到快發霉的他去吃頓午餐，順便曬曬太陽。

「當然好！」

我開心極了，不只梁祐承要發霉，我也快差不多了！

他來接我時，看見我把頭髮綁成馬尾，穿著一件Ｔ恤和刷白牛仔褲，腳上還踏著一雙不新不舊的帆布鞋時，似乎有點傻眼。

「怎麼了？我今天走校園休閒風，看起來是不是很像學生？」

我在他面前轉了個圈，笑嘻嘻地看著他。

「我只是很意外，妳很久沒這麼打扮了，才想著，妳就真的這樣穿了。」

「真的嗎？」我開心起來：「這是不是叫心有靈犀？」

「嗯。」梁祐承點點頭，對我說：「來，快上車。」

我蹦蹦跳跳跑過去開副駕駛座的車門，坐進去時，也傻住了。

「梁祐承，你今天也走校園休閒風啊？」我的語氣裡透露出驚喜。

「因為突然很懷念以前在學校的生活，所以就想這麼穿，不過妳讓我比較意外，妳已經很久沒這樣打扮了，所以看見妳這樣的穿著時，我居然有感動的情緒。」

「其實洋裝穿久了也會膩；高跟鞋踩久了，就會想念球鞋的舒適感。」我笑了笑：「偶爾讓自己回歸平淡也很棒，我其實還滿懷念學生時代的自己，不用刻意打扮，不用華服巧妝，也能可愛漂亮。」

「我其實比較喜歡妳沒化妝的樣子，看起來比實際年齡年輕好幾歲，雖然知道化妝是一種禮貌，不過我還是喜歡原本的妳。」

我笑著說：「夠了，不要再灌我迷湯了，再灌下去，我今天又會想要綁架你回我家睡沙發。」

梁祐承揚著唇角笑著，不再說話。

我們到以前常去的一家小吃攤，叫了兩碗大滷麵和一堆滷味，兩個人完全不顧形象地吃起來。

一面吃還一面交換這些日子來，彼此的生活狀況，他說他修圖已經修到完全顧不得養生，每天都是清晨天快亮才去睡；我說我成天黏在沙發上看ＤＶＤ，已經黏到身子骨都懶了，要是再不動一動，肯定會變一隻大懶蟲，再進化成一隻大肥豬。

「我終於可以明白妳為什麼每次趕稿時，都要趕到天快亮才肯去睡了，原來夜深人靜時，真的是靈感大好的時刻。」

梁祐承夾了塊海帶給我，我則著嚼著滿口的大滷麵，含糊回答他：

「是啊！有時白天努力想要寫些什麼東西，卻老被外面的大小聲音擾亂思緒，一刻也靜不下來，反而一到深夜，萬籟俱寂，文思卻能如泉湧一般，源源不絕。」

梁祐承笑了笑，瞟了我一眼，什麼也沒說，我卻能知道他其實是贊同我說的那番話的。

吃過東西，我挽著他的手到附近的商店街去逛逛。

我們走走看看，每經過一個攤位，就會停下腳步來看看攤販賣的是什麼玩意兒，有時覺得東西新鮮，就會拿起來仔細看一看，或拿在手上把玩一會兒，然後兩個人相視而笑，像吃到糖的小孩一般，無憂無慮。

星期六下午，這裡有很多高中生模樣的情侶，他們像我跟梁祐承一樣，兩隻手緊緊交纏著，好像只要不小心放開了，另一半就會被沖散在人潮裡，所以只能緊緊地握住對方的手。

我跟梁祐承在人群中緩慢前進，我一邊走，一邊偷偷觀察那些年輕的學生情侶們，發現他們青春無敵的臉龐上有著無畏無懼的神態，他們認真地愛著自己身旁的那一個人，好像世上再也沒什麼可以阻攔，愛，能戰勝一切。

「欸，你高中有沒有交女朋友？」我抬頭看著梁祐承。

「要說實話嗎？」

「廢話！不說實話，那我問你幹嘛？」

「沒有耶。」

「也沒暗戀女生嗎？」

「我算晚熟，那時日子很平淡，每天除了讀書，就是畫畫，況且我念的是男校，也沒什麼機會遇到女生。」

我點點頭，心有戚戚焉地說：

「我跟你一樣可憐，念的是女校，除了言承旭，我沒機會愛上別的男生。」

「言承旭？演偶像劇的那個？」梁祐承很驚訝。

我點點頭：「對！就是他。」

「妳怎麼有機會看到他？還暗戀呢。」

「打開電視就能看到了啊！」我睨了梁祐承一眼：「何只我暗戀他！我們是一堆人一起暗戀他好不好？只要看見他出現在電視上，大家就會興奮地大叫：哇，我老公又上電視了……」

「白癡喔。」梁祐承一臉被徹底打敗的表情：「原來妳們女生都這麼無聊啊！」

「對啊，怎樣？我們就是喜歡這麼無聊……」我耍笨地嘟起嘴，露出欠扁的表情，逗得梁祐承哈哈笑。

正嬉鬧著，一個熟悉的身影突然攫住我的視線。

發現我的表情瞬間由嘻笑轉變為詫異，梁祐承好奇地順著我的目光看過去。

亮晃晃的陽光下，熙來攘往的人潮裡，沈珮好一張臉笑得好開心，她的眼睛像兩道彎彎的橋，她的手挽著一個男生的手，兩個人的眼裡好像只有彼此，再也看不見其他人……

如果你是磁塊，那我一定是磁石；只要把你放進人潮中，不管我在哪裡，一定都能瞬間發現你在的方向，奔向你。

我們沒有出聲叫住沈珮好，也沒有上前與她打招呼。

我的顧慮是怕她尷尬，而梁祐承的說法是：沒這必要。

我很為沈珮好開心，能夠接受別的男生，表示她對江瑞志已經不再死心塌地，不再死守著一段不可能重來的感情。

至少她願意跨出那一步，這表示她不再封閉自己的感情。

相較於我的暗自欣喜，梁祐承倒顯得有些鬱鬱寡歡。

「嘿，你怎麼了？是不是太累了？」

送我回家的路上，梁祐承安靜得不像平日的他，我憂心地偷看他好幾次，他依然是一副不苟言笑的模樣。

於是我用左手食指戳戳他的手，擔心地開口詢問。

他轉過頭來瞧我一眼，嘴角扯著笑，聲音疲累地說：「沒事，只是有點累了。」

「呃……那、那你要不要先回家休息，你放我在這裡下車沒關係，我坐公車回家就好。」

梁祐承定定地看了我幾秒鐘，臉上依然掛著笑，他一手扶著方向盤，一手伸過來揉了揉我的頭髮，說：

「傻瓜！我還沒有累到連送妳回家的力氣都沒有，別擔心，送完妳我還是有力氣開車回家的。」

我看著他，沉吟片刻又開口：「要不……要不你今天就留下來，反正客房我昨天打掃過，床單被套也剛洗過，你可以住一晚……」

「不是要綁架我到妳房間去睡沙發床嗎？」梁祐承居然記仇地開起我玩笑來。

「……也是可以啊，如果你很想要睡我房間的沙發床的話，我是不介意啦。」

「今天先不要了，我想回家好好睡一覺，這些日子嚴重睡眠不足，一修完圖本來也想著要好好睡個三天三夜，但又想到有一些日子沒陪妳吃飯，依妳的個性，肯定又是窩在家裡啃麵包、吃泡麵，才想著要帶妳出去吃頓飯。」

我低頭看著自己手機螢幕上，我和他的合照，耳裡聽他細細敘述，平淡的言語一鑽進耳裡，卻變得不再平凡……心底深處有根神經被狠狠拉扯，一拉扯，就疼得眼眶跟鼻頭都酸起來。

雖然知道自己被捧在手裡、放進心底，但聽見他親口說出時，還是會動心。

在家門前告別梁祐承，老媽子般地叮囑他回家的路上小心開車，到家時記得給我一通電話。

梁祐承一如以往地微笑應允，揮手別離後，我卻一點也不想回家。

沿著住家旁的公園小徑徐步前行，天氣已經逐漸炎熱，傍晚的公園其實並不浪漫，蚊子尤其多。

正走著，手機先是一震，接著設定好的來電鈴聲悠揚響起。

瞄了一眼手機螢幕上下閃爍的來電者，是消失一段時間的林誼靖。

「正好妳打來，有件事大祕密要跟妳說呢！」我想起沈珮妤挽著「疑似」她新男友開心逛街這件事，馬上興奮地想跟林誼靖分享這件大祕密。

「什麼事？」沈珮妤死氣沉沉、氣若游絲地問。

「喂，妳幹嘛呀？生病了嗎？這麼沒精打采的。」

聽見她異常消沉的聲音，我心中的警鈴瞬間大響，這傢伙該不會又跟男朋友鬧翻了，正打算找我灌啤酒灌到死吧？

「沒事。」林誼靖依然沒什麼氣力，又問：「到底是什麼事？」

「妳在哪裡？我去找妳。」

沒聽見林誼靖爽朗震耳的聲音，我就是不能安心，這樣分享起沈珮妤有新對象的事，哪有什麼振奮心情可言？沒人陪我尖叫、沒人陪我狂喜，有什麼意思！

「在我家。」

「等我，我過去。」

林誼靖沒回答我，我當她是同意了，便上樓抓了汽車鑰匙，到地下室開了車，往林誼靖她家的方向急駛而去。

這條路上偶爾下雨偶爾陰，但其實我並不在意，因為在心裡，已有最美的風景。

撳門鈴撳到快把門鈴整個拔掉，林誼靖才慢吞吞地來開門。

「林誼靖，妳要什麼大小姐脾……氣……」

本來很有氣勢地準備破口大罵一番，結果一觸及林誼靖紅腫的雙眼，我的氣勢馬上像被戳了好幾個洞的氣球，整個迅速漏氣扁掉，頓時煙消雲散。

「喂，妳幹嘛啊？又怎麼啦？眼睛哭腫成這樣！」

我心急地抓著林誼靖的手，蹙起眉心。不問還好，一問，林誼靖的唇角馬上下彎，眼淚又啪搭啪搭地掉下來。

把她推進屋裡，鎖上大門門鎖後，我拉她坐在客廳沙發上，安靜地看她像個孩子似地哭著。

這時候說什麼安慰的話都是多餘的，人在傷心的時候，眼淚是最好的宣洩出口。或許傷口總要被淚水洗滌過，傷痛才能逐漸痊癒。所以我並不想叫林誼靖不要哭，反而希望她能用力哭，最好能藉著淚水，把心裡的不滿、委屈、痛苦全部都流出來。

沉重減少了，心，才能真正輕盈。

手機響起的時候，林誼靖還在放聲大哭，我只好拿著手機關進廁所裡。

「我到家了喔，已經洗過澡，準備要睡覺了。」梁祐承的聲音傳過來。

「好，你快去休息，累了十幾天了，這兩天就好好休息吧。」

「妳在上廁所啊？」

大概是廁所的回音大，梁祐承聽出異常。

「不是，我在林誼靖她家的廁所。」

「怎麼跑到林誼靖家了？」

「剛才她打電話給我，聲音一聽就不大對勁，我不放心，就來了。」我把馬桶蓋蓋上，整個人坐在馬桶上，繼續說：「大概是跟她男朋友吵架了，現在哭得好傷心。」

「妳沒勸她？」

「沒有。」我說：「她那個人愈勸會哭得愈慘，所以她哭的時候，我跟沈珮好通常都是不勸的，只要靜靜陪在她身旁，她哭累了就會睡一覺，睡一覺醒來就會好了。」

「所以妳晚上不回家了嗎？」

「應該是。沒關係，你先去睡，晚點看狀況我會處理，她現在這樣我實在不放心，或許她等等哭累了會想找我喝啤酒，我在她身邊總是好的。」

「如果喝了酒就不要開車，知道嗎？」

「知道了。」

本來以為話題結束，梁祐承就會道晚安掛電話了，但他卻只是安靜了片刻，好像想跟我講什麼話，卻又遲遲不知道該怎麼開口的樣子。

最後，他輕輕地吁了一口氣，說：「別太累，有機會就早點睡，照顧別人也要善待自己。」

「好，我知道了。」我微笑著。

這種被人放在心裡牽掛的感覺，真好。

返回客廳時，林誼靖還在哭，不過哭泣的聲音已經比較收斂了一點，不再如鬼哭神號般可怕。

我去廚房倒了杯水，放在她面前，說：「渴了就喝一點，才有力氣再哭。」

林誼靖抬起已經腫得不像樣的眼睛看我，啜泣著埋怨：「我都已經哭得這麼可憐了，妳還有心情說笑。」

「是妳心情不好在哭，又不是我心情不好，怎麼我就不能說笑啦？」

「沒良心。」

林誼靖瞪我一眼，拿起眼前的杯子，一口氣咕嚕咕嚕把水全吞進肚子後，才又把頭埋進抱枕裡繼續哭著。

瞧她還肯跟我說話，心裡便安心不少，想著：這人還能跟我聊幾句，應該是沒什麼事了。

於是我拿起茶几上的遙控器，開了電視，打算一面看電視，一面等林誼靖哭完。

結果電視頻道轉來轉去，完全是沒訊號的畫面。

「喂，林誼靖，妳家的第四台呢？」

「忘了繳錢，被斷了。」她的聲音從抱枕裡悶聲傳出。

我語塞了，這人到底成天都在忙些什麼呀！除了上班、除了戀愛，也總有些自己的時間吧！

「人家傷心難過地哭個不停，妳不來安慰我，還想看第四台，朋友是這樣當的嗎？」林誼靖又拿她的泡泡眼瞪我。

「就因為妳傷心難過哭不停，所以我才不敢打擾妳。」我移到她身旁坐著，攬著她的肩，揚起最完美的四十五度唇角微笑：「可妳看我也不敢離開呀，還是想著要陪妳，想說如果妳哭得差不多了，想找人喝啤酒或吃點東西什麼的，至少還有伴嘛。」

「算妳還有那麼一點點良知。」林誼靖終於破涕為笑，她撫著肚子說：「我哭了一整個下午，肚子好餓。」

「想吃什麼？我去買。」

「滷味、鹹酥雞、麻辣燙、碳烤雞排……好多好多，我都想吃。」

我驚愕得張大眼：「林誼靖，妳是豬啊！」

「我餓了嘛。」林誼靖眉頭一皺，眼睛又像關不緊的水龍頭般不斷滴下水珠：「人家心情不好妳還這樣……」

「喔，好啦好啦……我去買。」

一見她哭我就投降，是誰說男人最怕女人哭的呀？雖然我是女人，但我也很怕看見女人哭啊！

匆匆開車到街上去找林誼靖欽點的那幾樣東西，迅速跑了好幾個地方，找的全是林誼靖平時喜歡吃的攤位。她那個人嘴挑，要是買到不合她胃口的，即使是相同的東西，她一樣會絕食不吃。

費了一番工夫，終於買齊林誼靖要的食物，看著手上那幾包塑膠袋，真懷疑這麼多東西，我們兩個人是不是吃得完。

又想到林誼靖吃鹹酥雞跟滷味時最愛搭配冰啤酒，她說這樣的吃法才是人間美味，於是我還特地繞到超商，買了幾罐冰啤酒。

從超商走出來時，我決定打電話給沈珮妤，想著可以趁機來個三個人的小聚會也不錯。

「有沒有在忙？」沈珮妤沒讓電話響太久，一聽見她的聲音，我就發問。

「沒有，剛洗好澡，怎麼了？」

「有沒有空？」

「有啊。」

「我買了一堆東西，我們去林誼靖家大吃一頓吧！她今天心情不好，哭一整個下午了。」

「啊？為什麼哭？」

「不知道呢，我沒問，等會兒灌醉她再來好好審問吧，妳來不來？」

「當然去。」

「那妳到林誼靖家樓下再打電話給我，我幫妳開門。」

「好。」

跟沈珮妤約好後，我又走進超商，另外買了幾瓶可樂跟果汁。沈珮妤不喝酒，只喝汽水跟果汁，這些是替她準備的。

怕林誼靖等太久會不耐煩，她那個人最大的缺點就是沒耐心，又不耐餓，一餓就會亂發脾氣，所以我火速飆車回她家。

回到她家，用她剛才交給我的大門鑰匙開門，進門時就發現，她已經把自己梳理好，乖乖地盤腿坐在沙發上，看書等我回來。

見我進門，還給我一個甜甜的笑。

弱水三千，唯有你，才是我想取的那一瓢飲。

我把買來的食物全都分盤裝好，啤酒跟可樂也都倒進透明水杯裡，還加了冰塊，看著杯裡不斷冒著氣泡的啤酒，感覺好像很爽口，心情也跟著杯裡不斷往上冒的氣泡而上揚。

告訴林誼靖我約了沈珮妤，她沒什麼反應，只是輕輕地「喔」了一聲，又把目光放回她腳上的那本書。

「在看什麼？沒見妳這麼認真看書過。」

我挨過去，看著她手上那本書，書的內頁上方有標註書名，寫著《讓他再也離不開你》。

「這是什麼書啊？」我皺起眉。

「一本如何抓住男人的心的書。」林誼靖淡淡回答。

我有些茫然地望著她，她還是我認識的那個林誼靖嗎？她的自信哪裡去了？她的瀟灑哪裡去了？

見我傻傻望住她，不再作聲，林誼靖抬眼看了我一下，嘴角微微上揚，自嘲地說：「我知道我這樣很糟，我也以為我可以不在乎的，可是，愛情是一座迷宮，只要走進去就會迷失自我，我已經找不到出口，只能一直走進去，愈陷愈深。」

「林誼靖，他不可能屬於妳。」我擔憂地看著她。

「I don't mind。我只想要跟他在一起，我不在乎他的心裡有多少人，只要那裡面有一個我，只要我是他最在乎的人，那就夠了！人，是不能貪心的。」

我覺得林誼靖無藥可救了。

愛一個人怎麼可能不在乎？怎麼可能不在意？真心喜歡一個人，就會變得愛計較，計較自己在他心裡的重量；計較夜裡睡覺前，他腦子裡想的人是誰；計較自己是不是在他的未來藍圖裡。

計較，會讓一個人的心變得狹隘……但，這就是愛情！

無法寬大，不能分享。

我看著她，突然好想念以前那個自信滿滿，好像不管什麼事都可以一笑置之，不放在心上當一回事的林誼靖。

沈珮妤在我跟林誼靖默默無語對望的尷尬時刻打電話給我，我像得到解救似地抓起門邊的鑰匙，說：「我先下樓去接沈珮妤上來。」

林誼靖沒應聲，只點點頭。

衝到一樓管理室時，沈珮妤已經站在一旁等著，看見我便露出恬靜笑容。

和她一起步行穿過中庭，搭電梯上樓的片刻，我向她敘述林誼靖的狀況，還有她看的那本書的書名。

沈珮妤的眉頭微微蹙起：「她怎麼會變成這樣？」

「我也不知道。」我老實回答：「前些日子我忙完就休息了一段時間，成天窩在家裡看DVD，以為她在忙著，也就沒怎麼打電話關心她，明知道她跟她男朋友常常吵吵鬧鬧，卻老認為她夠成熟，不會把事情搞得太糟，怎麼知道她居然變成……變成……我都快不認得的林誼靖。」

「找她聊過了？」

「還沒。」我搖頭：「剛才看她在看那種書，我整個人處於震驚狀態，根本還沒有理出要怎麼跟她談的頭緒。」

「等會兒我們就邊吃邊聊吧。」

對於沈珮妤的提議，我只能點頭同意，有些事真要層層剖析，還是要有一個人在一旁幫腔比較好，至少氣勢夠，說服力也強一些。

從電梯走出來，拿鑰匙正要開門，門就開了。

林誼靖站在門邊，朝我們兩個人笑了笑，接著說：

「我先出門一下，妳們兩個人就在我家盡情吃喝吧，不用等我沒關係，累了就去我房間睡，想睡客房也行，床單被套都剛換過，是乾淨的。」

「妳……」

我有些傻眼地看著她，她的樣子跟剛才真是相差十萬八千里，方才還死氣沉沉、有氣無力的，這會兒倒又會笑會跳，像裝上電力飽滿的電池一般，充滿活力。

「我男朋友說要接我去看夜景，真對不起了，讓魏蔓宜破費，還害沈珮妤跑這一躺，下次我一定負荊請罪，隨便妳們開口看要吃哪間高檔餐廳，或要住哪間五星級飯店，我都會二話不說買單，當作我對妳們的補償。」

林誼靖熱情又愧疚地抱抱我，再抱抱沈珮妤，然後說：

「啊！不能再聊啦，他已經在樓下等了，拜拜、拜拜，我愛妳們。」

說完便閃進電梯下樓了。

留下面面相覷的沈珮妤跟我。

這……未免也太戲劇化了吧！

「算了！我看我們還是進去她家把東西吃一吃吧，不然都買了，丟掉也浪費。」我說。

沈珮妤安靜地跟著我走進來，放下包包，洗好手，就坐在客廳等我一起過來吃東西。

「怎麼買這麼多？」她睜大眼，看著滿桌的小吃，一副「這要怎麼吃得完」的表情。

「全是林大小姐欽點的。」我把她喜歡喝的加冰塊可樂遞給她，無奈回答：「哪知道她見色忘友，拋下我們，自己跑去看夜景、搞浪漫，也不管咱們兩人的死活，要這種朋友有什麼用？真是世態炎涼啊！」

「其實她開心就好，這不就是我們最希望的嗎？只要她開開心心，叫我們怎麼樣都好，犧牲一點也沒關係了。」沈珮妤拿起筷子，先夾了一塊滷豆干放進嘴裡，咀嚼幾口後便誇張地叫起來：「哇，這好好吃，很入味耶，哪兒買的？」

「那是林誼靖指定的滷味攤。」我跟沈珮妤講了那攤滷味的地點，又說：「啊，離你們補習班不遠，以後妳下班也可以去買來吃。」

沈珮妤又夾了一塊海帶放進嘴裡，再笑笑地對我說：

「朋友裡，就妳最順著她，什麼都替她著想，她想吃什麼、愛吃什麼，問妳就知道了。」

「哎呀，我聽見有人酸溜溜的口氣哪。」我故意淘氣地對她眨眨眼。

「我哪有？」

「耶？也對！咱們沈珮妤現在可是甜蜜蜜好開心，整個人、整顆心，都像掉進釀了許多蜜的糖漿裡，哪有什麼心情酸溜溜啊！」

沈珮妤咬住手上的筷子，瞪著我，說：「講什麼東西？我完全聽不懂。」

「今天下午看見妳了。」

我語一落，沈珮妤的臉就微微泛紅了，我乘勝追擊：

「看見妳跟一個男生手挽著手，很甜蜜的模樣呢。」

「喂，妳別亂說啦！」

「我哪有亂說？俗話說：眼見為憑。我可是兩隻眼睛都看見了呢！」

沈珮妤的臉這會兒全紅透了，她連忙伸出手要摀我的嘴，嚷著：

「夠了夠了，不要再說了……」

我拚命躲，她拚命要堵住我的嘴，我閃了幾次躲不過，乾脆放棄，讓她的手摀過來，掩在我的唇上，但她的勝利之姿才維持三秒鐘，我的聲音又不安分地從她指縫間傳出來：

「喂，沈珮妤，妳幹嘛害羞啊？不過就是談戀愛嘛，又不是什麼丟臉的事！」

「……就……就是會不好意思嘛……而且這種事、這種事也不是什麼值得炫耀的事……」

沈珮妤居然緊張得口吃，我還是第一次見到她這樣，真是新鮮。

我拉下她放在我唇上的手，又說：

「多久啦？這麼大的事也沒讓我們知道，妳太不夠朋友了吧！」

「也才剛開始沒多久，就讓妳看到，真的是……哎唷，反正這種事妳也不要刻意跟林誼靖講，等這段感情穩定一點，我一定帶他來見見妳們兩個人，順便讓妳們幫我鑑定一下。」

看著沈珮妤紅著臉、喜孜孜的模樣，說真的，我是打從心底替她高興的。

在前一段感情離開，封閉了許久後，她終於願意打開心房，把自己從那段傷痛中釋放出來，接受了另一個人的好。

擁有與錯過，只是一念之間的事。

而我慶幸，沈珮妤終於願意敞開心房去擁有，不再是一味地錯過了。

我們之間的愛與恨，也只是一念之間的事罷了。

不知道是不是真的有出書壓力，梁祐承這陣子變得很不愛說話，打電話給他，常常都是我講他聽，偶爾回答我幾句，但總能感覺到他的漫不經心。

約他出來吃飯時，他也不再像往常那樣掛著陽光般的笑容，偶爾偷瞄坐在身旁那個沉默的他，還會撞見他眉頭深鎖的模樣。

我不知道他是怎麼了，問他，他也不說明白，只說大概是夏天到了，心情也變得躁動，所以不想開口，怕煩躁的情緒影響說話的語氣，會傷害到我。

他變成這樣，老實說，我也有些煩惱。

雖然兩個人在一起的時間不算短，但各自忙碌的時間多，沒辦法常常膩在一起，梁祐承從來不跟我說他以前的事，所以我對他的過去，老實說，了解的並不夠深，有時看著他，總會覺得，他心裡有一個角落是我走不進去的。

他對我總是盡己所能地溫柔細心、體貼大方，對大部分女生來說，這樣的愛情也許是求之不得的幸福，可是我仍會多心地感覺，好像還缺少了些什麼。

這些事，除了林誼靖，我沒再跟任何人提過，包括沈珮好。

跟林誼靖提起時，我也總是輕描淡寫地帶過，沒跟她說我覺得梁祐承的心裡或許還藏著另一個故事，一個他從來不曾想過與我分享的故事。

這陣子林誼靖也不大好，常常跟她男朋友吵架，有幾次都在半夜三點多打電話給我，卻抱著電話一句話也不肯說，只一個勁地哭，弄得我很緊張。

夏天到了，大家的心事卻都變多了，在這裡面，唯一還能真心笑出來的，大概只剩沈珮好。

一個周末晚上，我們三個女人又相約吃飯，這次說好由林誼靖作東，做為上次放我跟沈珮好鴿子的賠罪飯局。

我們約在一間高檔的日本料理店，林誼靖說我跟沈珮好真狠，在這裡吃一頓飯就會要去她一個月薪水的三分之一，不過她自己也知道，是她愧對我們在先，所以儘管嘴巴惺惺作態地抱怨著，臉色還是和悅的。

小包廂裡，我們三個女生跪坐在榻榻米上，除了服務生會拉開紙門進來送菜之外，其餘時間是沒有人會來打擾的。

幾杯清酒下肚後，林誼靖開始訴說自己最近的心情，她說她跟她男朋友大概快玩完了，最近三天兩頭地吵，什麼芝麻綠豆的小事都能冷戰個幾天，她問過公司其他女同事，她們跟她說，一段感情快結束之前，通常不是成天翻天覆地地吵，再不然就是長時間的冷戰。

「我這兩項都有，一定是感情走到盡頭的徵兆。唉，好煩喔。」

林誼靖無力地用手支著頭，唉聲嘆氣。

我的狀況雖然也不好，但比她好一些，至少梁祐承不會跟我吵架，他還肯安靜地聽我說話，對於我的詢問也總能耐心回答，在我們相約見面的時候，他也會一如往常地牽我的手，或者摸摸我的頭。

「我覺得是妳自己想太多，我看梁祐承對妳倒是挺好的，也許就真的像他自己說的，夏天到了，他的心情變得煩躁，就不大愛說話。」

林誼靖手拿著清酒杯，跟我的酒杯輕碰了一下，啜飲一口，瞇著眼看我：

「再說，你們又沒有吵架，也沒有冷戰，說到底，就是妳這個編劇的職業病發作，開始亂想亂編你們兩個人之間的故事啦。」

我沉默地看著林誼靖，要是真的像她說的，是我想太多的話，那就好了。

但女人的第六感是很準的，雖然說不上來為什麼，但我就是十分肯定，絕對是有什麼地方不一樣了。

或許不是有什麼地方不一樣了，而是梁祐承一直都是這樣子，只是我後知後覺地到此刻才發現，原來我們之間遙遙地隔著一段擁抱不了的距離。

當我跟林誼靖相互抱怨我們各自的男人時，只有沈珮妤在一旁安靜地一口接一口，吃著滿桌的菜餚，一副心滿意足的表情。

「喂，沈珮妤，妳好歹也出個聲，幫我們罵罵那兩個臭男人嘛，不要只顧著吃。」

林誼靖瞟了沈珮妤幾眼，發現她一個人自得其樂地吃個不停時，忍不住開口。

「妳們聊妳們的，我不參與。」

「妳對江瑞志多少也有些怨懟吧？沒關係，妳可以用力罵他，罵不夠，我們還可以幫妳罵。」

「都過去了。」沈珮妤夾了塊生魚片放進嘴裡，咀嚼一陣後，繼續說：「壞的記憶就讓它過去，好的記憶就留在心底慢慢回憶，也沒什麼好埋怨的，都是自己選擇的感情啊。」

林誼靖訝異地張大嘴，睇望沈珮妤半天：「沈珮妤，妳變了！為什麼？」

「因為她談戀愛了啊。」

我雲淡風輕地一語帶過，林誼靖眼睛張得更大了，她抓住沈珮妤的手，猛搖著追問：「真的假的？什麼時候的事？為什麼沒告訴我？那個死兔崽子叫什麼名字？住哪裡？幾歲？在家排行老幾？有沒有錢？」

「林誼靖妳身家調查啊？問那麼仔細做什麼？」我叫起來。

「不問仔細，萬一沈珮妤被騙要怎麼辦？」林誼靖一臉正經地回答我。

「所以我就說不要太早讓林誼靖知道。」沈珮妤笑著對我眨眼：「妳現在知道為什麼了吧？之前我跟江瑞志交往的消息一傳到她耳裡，她也是這樣大驚小怪地抓著我窮追猛打，簡直比我媽媽還要關心。」

「好可怕！」我簡直瞠目結舌：「還好她跟我是同時間認識梁祐承，要不然我若是被她這樣抓著問，怕是還沒問完，我就自動打退堂鼓了。」

「所以呢？他到底是怎樣的人啦？」

「一個可以跟我談心，不介意我過去的愛情有多轟轟烈烈，說就算我會拚命回頭留戀過去，也願意牽著我的手，慢慢往前走的人。」

「哇！」林誼靖張大眼，不敢置信地尖叫起來：「這個人怎麼這麼呆？喂，沈珮妤，找一天介紹一下，我要認識認識這個笨蛋，看看他到底是長怎樣，是不是跟一般人不同……嘖！怎麼會有人這麼笨哪！」

「是浪漫好不好？」我瞪林誼靖一眼，又堆滿笑地望著沈珮妤：「妳剛才說的那些話，什麼就算妳會拚命回頭留戀過去……那一段，是他親口跟妳說的嗎？」

沈珮妤睜著黑白分明的大眼看我，認真地點頭。

「哇，他好棒！」我由衷地讚美著，然後說：「妳可不可以幫我跟他說，我好喜歡他這幾句話，可不可以借我寫進我下一部劇本裡當台詞？妳放心！我會請他吃飯當作酬謝的。」

「魏蔓宜，我真的是敗給妳了！」林誼靖露出受不了的表情，抓著我說：「妳可不可以不要隨時隨地犯職業病啊？」

「好句子跟靈感一樣，是可遇不可求的耶。」

「可是我們現在在吃飯、在進行我們的臭男人批鬥大會、在追問沈珮妤的新戀情的來龍去脈……在這麼嚴肅的時刻，妳可以暫時不要想著妳的工作，好嗎？妳不要拿妳的工作來破壞氣氛嘛。」

「我又沒有……好啦好啦。」我心不甘情不願地回答：「但我不覺得我們討論這些有多嚴肅呀。」

「當然嚴肅。」林誼靖一本正經地說：「第一，吃飯皇帝大，所以吃飯是件很嚴肅的事；第二，我們的男人好壞攸關我們的幸福未來，所以要用十分認真的態度去討論，當然嚴肅；第三，沈珮妤交男朋友的事，茲事體大，她那個人傻傻笨笨的，萬一被男人騙了要怎麼辨？所以一定要徹底清查男生的底細，這當然也是十分嚴肅的一件事。」

沈珮妤不服氣地出聲抗議：「我哪裡傻傻笨笨的了？」

「全身上下。」

「我才沒有！」

林誼靖夾了一塊魚肉放在嘴裡，淡定地回答：「瘋掉的人也很喜歡說他沒瘋，同理可證，以此類推，妳懂的！」

如果我拚命戀棧過去，你是不是還願意牽著我的手，繼續慢慢往前走？

三個女人吃吃喝喝，話題聊來聊去，卻全圍繞著愛情轉。

林誼靖跟我不斷逼問沈珮妤，關於她男朋友怎麼追她的始末。一開始沈珮妤覺得講這種事太尷尬，不肯乖乖就範，但禁不起林誼靖跟我再三追問加威脅，只好妥協地有問必答。

原來她男朋友是他們補習班聘請來上課的短期數學老師，本來是他們補習班班主任運用人脈跟人情，從別間補習班借調過來上課的老師，因為上課效果好，學生反應佳，所以時薪不低。原先他只打算幫忙上一個學期的課程，但課程快結束時，他自己又去跟班主任反應，說他自願留下來繼續幫學生上課，追問結果，才知道他之所以決定留下來，全是為了沈珮妤。

他留下後，又花了一年多的時間才追上沈珮妤，成就今日這段戀情。

「妳也算很難搞的了，讓人家花了快兩年的時間才追上。」林誼靖發表意見。

「我哪算難搞？不過就是比較不容易動心而已。」沈珮妤反駁。

「不容易動心就是難搞。」

「我那是寧缺勿濫，好不好？」

「寧缺勿濫啊……所以妳家那個是『缺』，不是『濫』？」

沈珮妤一點也不介意林誼靖的白目行為，她笑笑回答：「他既不是『缺』，也不是『濫』，他是可口得讓人垂涎欲滴的極品。」

「又來了！」林誼靖受不了地翻白眼：「妳簡直是魏蔓宜第二！真的很奇怪耶妳們，為什麼妳們對自己的男人都能崇拜成這副德性？魏蔓宜說她的男人是充滿迷人魅力的漫畫家，妳說妳的男人是讓人垂涎欲滴的極品……我覺得妳們的感情世界都被鬼遮眼了！」

我插嘴：「不就是要有些崇拜，愛情才能歷久彌新？要是我們覺得自己的男人一無是處，那這段感情肯定很快就玩完啦。」

「我贊同魏蔓宜說的話。」沈珮妤舉雙手贊成，她笑笑地說：「愛情裡，女人還是要笨一點才好，不要太精明，不要太斤斤計較，用崇拜的心情去愛妳的男人，感情才能長長久久。」

林誼靖撐著下巴，皺眉看看沈珮妤，又瞧瞧我，嘆了一口氣，說：

「我也很崇拜我的男人啊，我有時也會講一些讓他心花怒放的話討他歡心啊，但為什麼我跟他就這麼容易有磨擦呢？」

「林誼靖，我說句老實話，但妳千萬不要生氣。」

看林誼靖點頭，我才又接下去說：

「妳呢，個性有時是太急了些，生起氣來又容易口不擇言，明明心裡沒那意思，但嘴裡講出來的話，卻足以把一個人的心戳出好幾個洞。我們認識的時間久，知道妳是什麼性子的人，也明白妳有時只是太心急，才會講出不好聽的話，但妳這樣的個性，如果套用在愛情裡，注定是要吃虧的。」

林誼靖沒說話，她定定地瞅著我，良久，才低下頭說：「原來是這樣，難怪！」

我不能明白她話裡的意思，只拍拍她的肩，放輕語氣安慰她：

「但我其實很欣賞妳敢愛敢恨、急公好義的個性，只是有些話，要說出來前，先讓那些話在腦子裡繞幾圈再說出口，不要一個勁地脫口而出。妳那麼聰明，一定明白我的意思。」

本來還有些歡樂的氣氛，這會兒倒真的膠著住了，林誼靖低著頭沒說話，我有些擔心地看著她，不知道那些話鑽進她耳裡會不會太刺耳，有沒有傷到她的心……

沈珮妤拉拉我的衣袖，無聲地用嘴型問我要怎麼辦，我聳聳肩，有點氣自己，還說林誼靖說話不經腦子，自己其實也差不多，人都喜歡聽好聽的話，即使是認識再久、感情再要好的朋友，一旦把話說絕了，對方還是會不高興的。

正打算開口向林誼靖道歉，要她別亂想時，她卻突然抬起頭，臉上掛著笑。

「我要去上廁所，妳們有人要去嗎？」

林誼靖說完看了我們兩個人一眼，我搖頭，沈珮妤也搖頭。

「那我先去廁所了，妳們兩個人趕快吃，菜都涼了。魏蔓宜妳晚上吃超少的，小心肚子太空又鬧胃痛。」

一轉眼，林誼靖的本性又回來了，我鬆了一口氣，笑著：

「上個廁所也要先嘮叨個沒完沒了，快去啦，小心膀胱爆炸。」

「超沒氣質的呀妳，要是跟人家說妳是寫故事的，大概沒人敢相信，文藝少女講話不是都應該咬文嚼字，可以文言的就盡量文言，不能文言的，就盡量把詞句用得優美一點？」

「那不是我的能力範圍可以做到的事！」我大方承認：「工作是一回事，私底下又是一回事，就算我能製造故事的唯美氛圍，也不代表我就是一個浪漫派的女生。」

林誼靖笑：「早知道妳不是走氣質路線的，所以當初知道妳會寫東西，我整整花了好幾天的時間說服自己，說會寫東西的那個魏蔓宜，跟我認識的魏蔓宜真的是同一個人，但妳確實是讓我驚嚇到了。」

「喂，妳……」

不讓我把話說出來，林誼靖連忙拉開紙門，穿上鞋子，笑著叫：「我先去上廁所了！」

沈珮妤在一旁安靜地看我們，臉上始終掛著笑。

林誼靖離開後，包廂裡只剩沈珮妤跟我，我看著她，淡淡揚起唇際弧線。

「妳晚上真的沒吃什麼東西，又喝了許多清酒，這樣下去沒關係嗎？不是說不能空腹喝酒？妳的胃又不好，犯胃痛了要怎麼辦？」

沈珮妤拿了一個空碗，一面盛熱湯，一面對我說話，盛好那碗熱湯後，她把湯碗遞給我，說：「先把這碗湯喝了，暖暖胃，再吃點東西吧。」

我們三個人裡，大概就屬沈珮妤的個性最沉穩，也最會照顧人。

我記得她的包包裡永遠裝滿瓶瓶罐罐的藥，抹蚊蟲咬的、擦頭痛的薄荷棒、提神用的綠油精、皮膚過敏擦的藥、跌倒受傷擦的碘酒……要什麼就有什麼。

所以以前我出門時，最愛約沈珮妤一起去，跟她在一起可以很放心，因為她總是像媽媽一樣地照顧著我們。

「沈珮妤，妳能夠遇到妳現在這個男朋友，老實說，我真的很開心。」

喝了幾口冒著氤氳熱氣的鮮魚湯後，我整個人身體都暖和起來了，然後我瞧著沈珮妤淺淺微笑的臉龐，真心誠意地說。

「為什麼？」

「因為妳對感情實在是太堅持又太龜毛了，所以可以打動妳的心的人，一定是對妳十分用心的人，他必定比別人更有耐心、更懂得守候，才能感動妳這顆頑石。」

「其實一開始我也不是那麼喜歡他，不過他確實做了很多讓我感動的事，後來我想起不知道是妳，還是林誼靖跟我說過的話，如果不給別人接近的機會，又怎麼能讓幸福有靠近的可能？所以我就給他一個小小的機會，相處後，才發現他其實是一個很好的人，我覺得自己很幸運。」

沈珮妤說著，臉頰上泛起淡淡紅暈。

有些感情其實不用太刻意說明，你就能從一個人的眼神和臉上表情知道他幸不幸福、快不快樂。

我知道現在的沈珮妤很幸福，這份愛，讓她蛻變得更加美麗、耀眼。

能夠去愛與被愛，就是愛情教會我們最珍貴的事。

所以我努力地學著去愛你，用自己的方式，用你希望的方式，竭盡所能。

林誼靖這趟廁所上得頗久，我跟沈珮妤聊天都聊了快二十分鐘，還不見她回來。

「該不會是肚子痛，在廁所昏倒了吧？」沈珮妤掩不住擔憂。

「說不定是不想付錢，偷跑了吧。」……我承認我的嘴巴很壞。

雖然嘴巴壞，但我還是不放心地站起來，迅速往門邊移動：

「我還是去看一下好了，萬一真的在廁所昏倒了可不行。」

「我跟妳一起去。」沈珮妤不放心地跟過來。

於是我們兩個人穿好鞋後，便往廁所的方向走去，但還沒走到廁所，就看到林誼靖木然地站在走道旁的轉角處，眼睛盯著走道旁那間包廂的門。

「怎麼了？」我焦急地走過去，推推她。

林誼靖沒說話，只抬眼瞧了我一下，又把眼睛定在那間包廂的門上。

「有認識的人在裡面嗎？」沈珮妤問道。

林誼靖依然默不作聲，她真的很不對勁，那對炯炯有神的眼眸突然間像蒙上了一層灰，變得黯淡無神，讓人很擔心。

我提議：「如果有認識的人在裡面，要不要乾脆過去打個招呼？這樣瞎站著也不是辦法，難道妳要站到對方散席出來時才打招呼嗎？」

但林誼靖還是沒有任何反應。

「不然我去幫妳敲門，等對方開了門，妳再過來打招呼吧。」

我說完便舉步往林誼靖死命盯著的那間包廂走過去，這回林誼靖總算有動作了，她迅速抓住我的手，低聲說：

「他在裡面。」

「啊？」我一頭霧水，完全不懂她在說什麼：「誰在裡面？」

「我男朋友。」

低到不能再低的聲音裡飽含壓抑與悲痛，我看著她，瞬間全明白了。

「他在裡面有什麼關係？妳就大大方方過去打聲招呼啊，反正他是妳的直屬長官，偶然巧遇，下屬跟主管打招呼，也是禮貌的行逕啊。」

「但他跟他老婆小孩在一起。」

我突然懂得林誼靖的進退兩難了，也有些生氣她的執著跟傻氣。看著她，我毫不客氣地問道：

「所以呢？妳要在這裡等他出來，再跟他撕破臉，徹底攤牌？」

林誼靖搖頭：「我答應過他，無論如何都不會讓他老婆知道我跟他的事情。」

「那妳站在這裡做什麼？等他突然良心發現，然後愧疚地跑出來給妳一個擁抱？」

「他不會。」林誼靖的眼眶紅起來：「剛才他跟他老婆走在一起時看見我，卻裝作不認識……明明說過最愛我，明明給我許多承諾的，卻可以為了顧及他的家庭，而裝作什麼都沒發生過……」

「這不是妳早知道的？」我拉著她的手，說：「走吧，站在這裡有什麼用？別增加彼此的難堪，在妳決定愛他之前，應該就要想到會有這一天的到來，不是嗎？」

林誼靖強忍在眼底的淚水終於潰堤，她邊走邊掉淚，用手背抹去不斷從眼眶裡滾跌出來的淚珠，卻抹不掉臉上濃濃的悲傷。

我們回到包廂裡，她才開始不顧形象地趴在榻榻米上發洩情緒，幸好就算她再怎麼難過，還是有一絲理智在，才不至於鬼哭神號地放聲大哭。

這頓飯肯定是吃不下去了，林誼靖這樣，我們也沒心情大快朵頤。

開車。

於是沈珮妤拿著帳單去結帳，我扶著啜泣得厲害的林誼靖，坐電梯到地下停車場去

把她塞進車裡，她這才肆無忌憚地大哭起來，我坐在她旁邊，簡直快被她的哭聲吵到不能專心開車。

車子開出地下室，我戴上藍芽，打了通電話給沈珮妤，跟她說我會送林誼靖回家，再提醒她開車也要小心點。

還來不及跟沈珮妤說再見，在一旁哭得好像世界末日來臨的林誼靖突然湊過頭來，用濃濃的鼻音對著我的藍芽大喊：

「明天我再把今天吃飯的錢拿給妳，妳不可以不收，說好是我請客的。」

說完，她身體又往副駕駛座旁的門邊一縮，繼續哭著。

我真的被她打敗了，這是什麼情形啊？林誼靖也太妙了，不光顧著自己傷心難過，還能想到吃飯的錢是沈珮妤支付的，嚷著要還她錢。

側過頭去，我看了她幾秒鐘，笑起來：「妳哭的樣子真醜。」

林誼靖嗚嗚咽咽地回答我：「所以我才不在妳跟沈珮妤以外的人面前哭。」

「妳會口渴嗎？」

「……一點點。」

「要喝啤酒嗎？」

「好。」

於是，我停在一間超商門口，下車去幫她買了好幾瓶冰啤酒。

「回家嗎？」上車後，我又問。

「嗯，我今天哪裡也不想去，只想回家。」

「好。」

車裡迴盪著某個美國女歌手充滿感情的高亢聲音，像天籟，在她的歌聲裡，我彷彿能看見愛情的模樣，輕透無瑕。

林誼靖終於不再哭出聲音，不過她依然不斷地吸著鼻子，好像還是很傷心的樣子。

沉默了幾分鐘後，林誼靖低聲開口：

「……我是不是……該離開他了？這樣的感情讓我好徬徨，我以為自己可以很灑脫、很堅強，但到頭來我才發現，原來我什麼都做不到……魏蔓宜妳說得對，真的愛一個人時，就會想佔有，就會變自私，就會無法容許一點點的瑕疵出現在這段愛情裡，我已經不是原來的我了，這段感情讓我變成一個面目可憎的人，我變成一個連自己都快要不認識的人了。」

「如果覺得辛苦，就不要再堅持，畢竟這是跟另一個女人借來的幸福，承受不了就離開，轉身其實沒有那麼難，在這個世界上，沒有什麼事會永恆，也沒有什麼痛會永久，傷口，總是會癒合的。」

「但我就是捨不得……」林誼靖說著說著又啜泣起來。

「如果真的很痛，那不如就快刀斬亂麻吧！總是會過去的……」

「……是啊！總是會過去的……」林誼靖喃喃重複我說的那句話，之後又繼續哭著。

我看著她，知道她哭過後就會好一點了。

愛情是一顆包裹著彩色糖衣的苦澀果實，它的外表總是很誘人、很美好、很令人嚮往，但往往只有擁有過的人，才能真正明白它其實並不完美，它會讓人痛到擰心、酸到掉淚，但想拋棄時，你又會回憶起它外表那層薄薄的糖衣，懷念它曾經給過你的美好記憶，於是開始捨不得，陷入兩難的境地。

唯有被狠狠傷過，才能徹底轉身。

林誼靖的愛情，我不想評論什麼，卻只希望不管如何，痛苦過、淚流後，她所做的任何一個決定，都是不會讓她後悔的決定。

只要她快樂，我就會無條件支持她。

轉身其實沒有那麼難，傷口，總是會癒合的。

據說一個人一生只能最愛一個人，而那個人往往不會是陪你走到人生盡頭的那一個。

有時我看著你，會想著，如果我們沒有相遇，那現在在我身旁的，會是怎樣的人呢？又假如，如果我們相遇得太早，那現在的我們，又會是怎樣的我們呢？是不是依然能微笑擁抱，或者只能把對方藏進記憶裡，變成一輩子的珍藏？

我太愛你了！

每每這麼想，我就覺得自己彷彿已經無藥可救。雖然不知道日後我們兩個人是不是能牽著手一直走下去，你會不會就是我此生最愛的那個人，但是此時此刻，你確實是我用盡全身氣力去珍惜的人。

總是想盡辦法把自己的影子刻在你的心上深一點、久一點，所以我努力地為你做一些事，安靜地陪你走過人生的低潮，用最大聲的歡呼慶祝你人生的高潮，像地球繞著太陽公轉般，以你為中心，一圈又一圈地公轉自轉，你，就是我的太陽。

以前我會嘲笑那些愛情至上的人，笑他們笨、笑他們傻；而今，我嘲笑自己，居然又笨又傻。

林誼靖說，這才是愛情。

她說，在愛情的世界裡，只有兩種人，一種人叫笨蛋，一種人叫傻蛋。

只有笨蛋跟傻蛋才會深陷愛情漩渦裡，太聰明的人是掉不進去的。

「所以我也是笨蛋。」林誼靖說。

我認同地點頭，附和著：「我是傻蛋。」

一旁淡淡扯著笑意的沈珮妤只是安靜著沒說話。

「那沈珮妤呢？」我指著她，問林誼靖。

林誼靖淡定地瞧了瞧，說：「她是笨蛋兼傻蛋，完全沒藥醫。」

Chapter 4 原來，我們之間

林誼靖跟她男朋友徹底分手了，分手那天晚上，她提著大包小包來到我家。

「妳家客房借我住一陣子。」她說。

我知道她在躲他。

她辭掉工作、換掉手機號碼、搬離她那個充滿兩個人甜蜜回憶的家。

她所做的一切，就只是想要把一個完整的他還給他的另一半。

所以，她轉身了；所以，她遠離了。

「我是不是很孬？為了不要面對他，把自己搞得像逃犯，一點都不像原來那個天不怕地不怕的我。」

夜裡促膝長談時，林誼靖坐在地板上，弓著腳，把臉貼在膝蓋上，幽幽沉吟。

「但我覺得妳這麼做是對的，如果沒有面對的勇氣，那就先逃吧！也許等到有一天，當妳有足夠的勇氣時，妳就知道該怎麼微笑面對他了。」

「我也怕萬一我現在看到他，我會整個人崩潰、軟化、前功盡棄，畢竟這份感情根深柢固、盤根錯節地盤踞在心頭，我總要花些時間才能慢慢釋懷。」

我攬著她的肩膀，輕聲卻字字清晰地告訴她：

「如果妳需要，我會一直陪在妳身邊；要是妳沒勇氣了，我就把自己的勇氣給妳；假如妳想喝酒，我就是趕稿也一定會撥出時間陪妳喝到爛醉……林誼靖，我沒有什麼可以給妳的，我唯一能給的，就是我的陪伴，陪妳哭笑瘋鬧都沒關係，只要妳開心就好。」

林誼靖慢慢地把她的頭靠在我的肩膀上，安靜不說話，半晌，她的聲音裡揚著濃濃鼻音，說：

「還好，我還有妳……」

梁祐承知道林誼靖失戀了，還搬到我家住，這陣子便不常來我家。

我覺得他不過來也好，林誼靖還在失戀初期，不要給她太多刺激比較好。

於是我們的約會地點就只能在外面，而且通常都只有一頓飯的時間，連去逛街散散步的機會都沒有。

沒辦法，我就是放心不下獨自待在我家為她夭折的愛情悲痛服喪的林誼靖；而梁祐承則是關心他還沒完成的工作進度。

梁祐承的圖文書出版後風評不錯，於是有更多人上網留言給他，幫他加油打氣。他這陣子變得好積極，常常我打電話給他，或是直接去他家找他時，他都在畫畫。

好不容易我和他敲了個兩個人都有空的時間，相約去看電影。

臨出門前，我還不放心地問林誼靖一個人在家有沒有問題，被林誼靖取笑了大半天，她說我愈來愈有老媽媽的味道，她都多大的人了，一個人在家會有什麼問題，還說她最痛苦的時候都沒做傻事了，現在更不可能幹笨事，勸我好好去玩，不用太早回家沒關係，她會幫我好好守住這個家，不會被人搬走的。

「妳整夜沒回來也沒關係，我保證不會跟妳媽媽說。」

站在門邊跟我道別時，林誼靖還不忘發揮她的搞笑本領。

我點點頭，嘴上、眉梢都掛著笑。我開心的不是等一下的約會，而是林誼靖遠比我想像的勇敢、堅強，不再讓人擔心。

也許再過一段時間，我認識的那個林誼靖就又會回來了。

還沒走出社區大門，我就看到梁祐承的車停在路邊，一如往常般，他總會比約定的時間早到，讓我能一走出來就看見他。

有人等候是幸福的。

因此，我的腳步變輕盈了，嘴角弧線更上彎，心，也飛揚起來。

「等很久了嗎？」

一坐進車，我就笑嘻嘻地看著梁祐承，臉上的笑意再也止不住。

「沒有，我才剛到。」梁祐承看我扯開嘴角，也跟著笑：「什麼事這麼開心呀？眉開眼笑的，好像有什麼好事發生了。」

「當然有好事。」我看著他，一面拉著安全帶扣好，一面說：「林誼靖已經不再那麼傷心了，這是件能讓我嘴角上揚的好事；一出門就看到你在等我，這是件讓我眉頭舒展的好事；可以跟你一起去看電影，這是件讓我心情飛上天的大大大大大……好事。」

我連續用了五個「大」來強調自己的喜悅。

結果我一說完，梁祐承就大聲笑了，他拍拍我的頭，說：

「聽妳這麼說，我也是大大大大大……開心呢。」

我傻傻地笑了，感覺自己很幸福，也很幸運，因為有他在我身邊。

週末晚上的電影院，學生與年輕情侶居多，我跟梁祐承守規矩地在人群裡排隊買票，買好票，我還很開心地買了一大盒甜爆米花跟兩杯可樂，與梁祐承站在牆邊，一邊聊天，一邊等待工作人員開放我們的場次電影廳，讓我們進場。

突然，身後有人叫住我，我一回頭，看見穿著雪白洋裝的沈珮好巧笑倩兮地站在我後頭衝著我笑，她身旁站著一個男生，是上次我在街上看到的那一個。

「妳也來看電影？」沈珮妤笑得很甜，又拉拉她身旁那個男人，說：「她就是我跟你提過的魏蔓宜，寫小說跟劇本的那一個，站在她旁邊的是她男朋友梁祐承，剛好也是大我兩屆的學長。」

男人臉上有孩子氣的笑容，看上去年紀好像比我們小，但沈珮妤說過，他的年紀其實比我們大五、六歲。

他先向梁祐承點點頭，說聲「你好」後，又看向我，態度親切地說：

「久仰大名呢，妳寫的微電影我很喜歡喔，劇情超棒，結局常常出人意料呢。」

我微笑著伸出手，他從容地輕輕一握便鬆開，禮貌又合宜。

「沈珮妤說你是補教界名師，我的數學向來不好，這基因十之八九是要遺傳到我小孩身上了，所幸有你，那以後我家小孩的數學就靠你補救啦，你可千萬別拒絕。」

「那有什麼問題？只要是妳家小孩，我全部免費教導。」他大方回答。

沈珮妤在一旁笑起來，說：「都還沒結婚呢，就想著以後小孩要給誰補習，魏蔓宜，難道妳想嫁啦？」

「不能未雨綢繆一下嗎？」我說：「還有啊，妳這個介紹人怎麼都介紹一半的？我還不知道妳男朋友的名字呢！」

「蘇諺齊，他的名字。」

「這名字聽起來很有氣質啊。」我笑著。

沈珮妤聽我這樣說，馬上露出淘氣表情，偏著頭跟她男朋友說：

「魏蔓宜每次這樣說，都會讓我跟林誼靖提心吊膽，她的職業病很嚴重，常常只要聽到好聽的名字或是動人的詞句，就會向對方徵詢，是不是可以把他的名字或是那些動人的話寫進劇本裡。」

「喂！沈珮妤，妳這麼說太失禮了吧！」我忍不住抗議：「我哪有每次都這樣啊？」

「所以妳的意思是，就算妳覺得蘇諺齊的名字很不錯，也只是想稱讚一下，而不打算有任何行動？」

「當然……怎麼可能！」我轉而面向蘇諺齊：「如果你不介意的話，我的下一本劇本是不是可以借用你的名字，當我故事裡男主角的名字？」

「那有什麼問題？」蘇諺齊爽朗一笑：「這是我的榮幸呢，妳要是真的寫進去，我以後就有機會跟我的朋友們炫耀了。」

「沈珮妤，妳看吧！」我露出得意的表情，瞄了瞄沈珮妤，說：「妳男朋友說他可以跟他朋友炫耀呢！被我寫進劇本裡的名字或文句都是我認為的上上之選，能得到我的青睞可是種榮幸耶，妳以後不要再笑我職業病了，要不然我就把妳的名字也寫進去，成為路人甲的萬年姓名。」

「這招真狠。」沈珮妤推推我的肩膀，說：「居然這樣威脅我，妳活得不耐煩啦？」

我嘻嘻笑，三個人就這樣你一言我一句地聊個沒完沒了。

而站在我旁邊的梁祐承則繃著一張臉，一句話也不說，見我們聊得開心，便走到一旁的沙發區，自顧自地坐下來玩手機，不再理會我們。

後來我才明白，原來最深沉的痛，不是在心裡，而是在你漠然的眼神裡。

「嘿，你剛剛怎麼了？」

隨著人群進場時，我擔憂地看著梁祐承，關心詢問。

「沒事啊。」

梁祐承若無其事地回答，塞給我一枚溫暖的微笑。

「那剛才怎麼不跟大家一起聊天？」

「不知道要聊什麼，你們聊的話題我也插不上話，又掛心自己的工作進度，就想安靜地想想接下來要怎麼進行。」

雖然覺得梁祐承這些話很場面，但身為一個聰明的女人，我也知道此時此刻若再追問下去，就是不明智的行為了。

電影在入場十分鐘後正式播映，沈珮妤他們跟我們看同一場次，我跟梁祐承坐在偏後方的座位上，沈珮妤他們則坐在靠中間的位置。

還沒熄燈前，沈珮妤還好心情地多次轉頭過來朝我擠眉弄眼地笑著，熄燈後，我看見沈珮妤跟她男朋友頭靠著頭，很甜蜜地看電影。

「沈珮妤看上去好幸福。」我把頭靠近梁祐承，輕聲耳語。

梁祐承沒搭腔，也沒看我，只是把目光放在大銀幕上，手裡拿著可樂，嘴上咬著可樂吸管。

真是一整個怪啊，這個人！

該不會眼睛看著電影銀幕，腦袋裡還在想著他的漫畫吧。

電影很好看，是科幻動作片，從一開始就沒有冷場，我抱著一大桶爆米花，認真地盯著電影看，一遇到刺激情節，就會緊張得拚命吃爆米花，沒多久，我的爆米花已經差不多見底了。

電影放映到一半時，梁祐承把手伸進爆米花桶裡摸索了一下，有些吃驚地轉頭看我。

「妳吃光了？」他小聲地問。

「嗯。」我回答：「我一緊張就會拚命吃，這電影實在是太好看又太刺激，不知不覺就……被我吃光了。」

「要不要我再去買一桶來？」

「咦？可以嗎？」

能再來一桶當然好，這爆米花也太好吃了，而且電影才播放到一半，要是等等又遇到緊張刺激的劇情，我沒東西吃可是會很彆扭的。

「當然可以。」梁祐承失笑地說：「想吃我就去買啊。」

我用力抱住他的手臂，誇張地說：「你真是太好了！我好愛你！」

梁祐承摸摸我的頭，站起身，又拿走我手上的空桶子，說他順道拿去外面丟，接著便移動到左側牆邊，從走道旁的逃生門走出去買爆米花。

他離開後，我又繼續看著聲光效果都很讓人震憾的電影，劇情依然很緊湊，我沒東西可吃，只好咬著吸管，有一口沒一口地吸著杯裡的可樂。

梁祐承出去的時間頗久，我整杯滿滿的特大杯可樂都喝完了，他還沒進來。

心裡想著，莫非外頭買爆米花的人太多，所以他還在排隊？但繼而想想又覺得不大對，那些爆米花都是早就爆好，放在玻璃櫃裡保溫著，買的人再多，也不至於要排隊排太久呀。

一開始分心，我的目光就再也不能集中在銀幕上，想來想去，還是決定出去看一下。

於是學梁祐承先走到我們座位左側的牆邊，再從走道旁的逃生門走出去。

逃生走道上空無一人，我朝電影院大廳的方向走去，走了幾步路之後，卻在逃生走道盡頭的轉角處，聽到熟悉的聲音隱約傳來。

「……這麼久的時間，難道妳一點都沒辦法體會嗎？這就是妳要的結局？那個人就是妳想選擇的人？那我算什麼？我這樣用盡心力地接近又算什麼……」

我有些錯愕，略略停了停腳步，又因為好奇心而重新邁開腳步，慢慢朝聲音的來源移動了幾步。

「你一開始就不是我的選擇，這件事，早在好幾年前你就已經知道了，我很感謝江瑞志離開初期，你的細心陪伴，可是我們兩個人之間的友情畢竟昇華不成愛情，是你先逾越了我們之間的界線。而且，你既然已經選擇了魏蔓宜，就應該對她全心全意，她和林誼靖都是我最好的朋友，萬一你傷害她，我是絕對不會原諒你，也不可能再跟你有任何交集的。」

「妳也知道，我會跟她在一起都是因為妳！要不是之前妳一再閃躲，我也不會這麼做……」

什麼意思？我整個人都怔住了。

他們兩個人的對話讓我覺得好心慌、好害怕。

雖然不能完全明白他們話裡的意思，卻能感覺到自己的世界好像被什麼東西敲擊著一般，裂痕正迅速擴大，也許，已經在崩毀的邊緣。

再往前走一步，我才發現，原來自己的腳居然抖得這樣厲害。慢慢的，我靠向牆邊，扶著牆，腦筋卻一片空白，完全沒辦法思考。

梁祐承跟沈珮妤的對話還是斷斷續續地鑽進我的耳膜裡，字字句句都像針，一字一針地刺在我的心上，扎出一個又一個小孔，密密麻麻。

心臟像被什麼掐住似的，痛得好難受！

我用力地深呼吸，再深呼吸，然後慢慢走回電影廳，坐回自己的座位上，假裝什麼事都沒發生，假裝自己什麼都沒聽到。

以為只要這樣想，不斷用這些話催眠自己，心就不會那麼痛了。

不久，梁祐承回來，他把香噴噴的爆米花遞給我，依然是那副溫文儒雅的模樣，依然是微揚的唇角，說著：「買回來了，快吃吧！」

我轉頭看了他一眼，突然很想把爆米花整個倒在他頭上，大聲罵他：「再假惺惺啊你，騙子！」

但我畢竟沒有這麼做，到底這個人是我愛了五年的人。

相戀初期，他大學畢業便去服了一年多的兵役，我一面應付學校課業，一面傻傻等他回來，每個星期都眼巴巴地等著他放假，陪我去吃一頓飯，若他那個星期不能放假，我便坐半夜的巴士，南下到他服役的軍營門口，等著會客時間能見他一面。

之後他的工作一直不順利，我卻像個傻瓜似的，不斷幫他找工作機會，求過許多人，欠過許多人情，就怕他的才華被淹沒，堅心認為他總有成功的一天，只要等到那一天到來，也許我們就會幸福了。

可是……原來這一切都是假的！他的溫柔、他的體貼、他的陪伴……全都是假的！他是站在我面前，但他眼裡看見的卻不是我！

而我卻還傻傻地以為，他有時的若有所思，是因為惦記自己的工作進度；天真地認為，他有時自願載我去參加姊妹們的聚餐，或者自告奮勇在我們聚餐完來載我回家，其實是想與我多些時間相處的貼心舉動……原來不是我！自始至終都不是我！他賭的，只是能夠看沈珮妤一眼的微小機率，從來就不是我。

我的眼眶濕濕的，眼前輕霧迷離，什麼也看不見，只能抱著爆米花，木然地吃著、咬著、咀嚼著，假裝很認真地看著電影。

大概是有一幕幽默的橋段吧，整間電影廳裡的人都在笑，而我的淚，卻無聲無息地滾落下來。

說到底，我們之間的故事只是別人眼中的一場鬧劇，而我卻還想說「我愛你」。

是的，我愛你！真的很愛你！

回家的路上，我沉默不語。

梁祐承察覺我的異常，接連詢問了好幾次，我都推說自己太累了，想回家睡覺。

「難得出來看場電影，妳也喊累！」梁祐承依然如往常那樣笑著：「真該找個時間拉妳去學校操場跑一跑，身體不鍛鍊鍛鍊是不行的，尤其妳跟我都是長時間窩在電腦前工作的人，不出去跑跑跳跳的話，怕是身上要帶一堆病症了。」

我沒搭腔，也沒看他，只盯著窗外不斷後退的街燈。

梁祐承大概在等我回話，等了幾分鐘，見我還是一副冷淡的模樣，便輕輕嘆口氣，說：

「看來妳是真的累了，那等等回家妳就好好睡一覺，我明天再打電話給妳，好嗎？」

「嗯。」我無意識地哼了哼。

刻意不轉頭過去看他的臉，怕一看，心又要止不住地痛，淚又會不小心潰堤。

到我家樓下時，等車一停好，我馬上開了車門就要下車，梁祐承卻及時抓住我的手腕。

驀然一瞥中，我撞見他臉上的擔憂。

「妳真的怪怪的，有沒有哪裡不舒服？」他問。

我低著頭搖了搖，被他抓住的那隻手努力掙脫了幾下，他卻仍然死命抓著，眼見掙脫不了，我只好放棄，就這樣讓他緊緊圈握著。

「還是我帶妳去看醫生吧，好不好？」他關切地徵詢。

「……我沒怎樣，只是累了。」身體累，心更累。

梁祐承嘆了口氣，放開我，見我逃難般地迅速跳下車，也跟著開了車門下來。

「我送妳進去吧。」

他說完，也不管我同不同意，鎖上汽車中控鎖後，跟在我身邊。

我想拒絕讓他陪我走到我家門口，卻又想多點時間跟他在一起，連自己都覺得自己真的很矛盾。

明明知道他愛的不是我，我卻還是不能克制地愛著他。

也許當我拆穿這場鬧劇，他就會頭也不回地走開，我卻還想多一秒走在他身邊。

那是第一次，我沒有看著他，沒有對他說再見，沒有說回家的路上小心開車，沒有說回到家打電話給我喔……

我就這樣沿路沉默地走到我家門口，開了大門，走進去，再關上大門。

大門關上後，我才真的覺得，原來自己真的很累。

偽裝堅強……是一件磨人的事。

我靠在門板上，閉起眼，以為自己會哭，可是……沒有！我的眼睛乾得掉不下淚來，不管眨了幾次眼，它依然無法濕潤。

原來，人在痛極的時候是沒有淚的。

客廳的大燈已經關上了，只留一盞昏黃立燈還散發著微弱亮光，想來，那盞燈是林誼靖特地為夜歸的我留的吧！這時間她應該已經睡了。

真是諷刺！她前些日子遭遇失戀的打擊，灰心喪志時，我還能滿口道理，彷彿很有經驗地開示她，但同樣的情況發生在自己身上，我卻六神無主、不知所措。

坐在沒有開燈的房間地板上，我看著落地窗外的天空，有一輪明月高高掛在黑幕低垂的夜空。

梁祐承說過他最喜歡月圓之夜，因為月圓代表盈滿無缺，代表圓滿。

大概因為他曾這麼說過，所以從此以後，我也特別喜歡滿月。

有好幾個滿月的夜晚，他特地去買了啤酒跟滷味來找我，開車載工作壓力大到幾乎要哭出來的我到山上喝啤酒、看夜景，再聽我抱怨難搞的工作團隊、怎麼樣也修不到劇組要求的劇本、幾乎要枯竭的靈感……

他總是靜靜地聽，淺淺微笑，有時見我講到傷心難過了，會輕輕用手把我的頭推靠在他的肩膀上，再慢慢地拍著我的背。

每次他出國，總會帶一份禮物回來給我，知道我喜歡吃巧克力，他便會託出國遊玩的朋友從世界各地買各式各樣的巧克力來送給我。

「每次看妳吃得這麼開心，我就覺得好值得，知道妳是真的喜歡這份禮物，才會露出那麼幸福的表情。」

有一次我大啖他送我的巧克力時，那濃郁甜蜜的滋味，從味蕾蔓延到全身，我瞇起眼，露出幸福笑容。那時梁祐承就坐在我對面，兩手交叉，下巴抵在手背上，笑著這麼對我說。

廚房的吧台上方有個透明玻璃櫃，裡頭放滿了大大小小、各式各樣的杯子，全都是梁祐承跟我一起收集的，有些是他出國時，在觀光地區或免稅商店買回來送我的，有些則是我跟他去逛街時，看到覺得漂亮就買回來的。

其中我最最喜歡的是一個米老鼠的藍色大馬克杯，杯身的米老鼠還是浮凸圖樣，那是我跟梁祐承去東京迪士尼樂園玩的時候買的，我們一共買了兩個杯子，我的是藍色的米老鼠杯，梁祐承的是粉紅色的米妮杯。

「為什麼我要用粉紅色的？」站在紀念品專賣店裡，梁祐承十分不滿，拿著粉紅米妮杯質問我：「而且上面的老鼠是女的，頭上還綁了一個好大的蝴蝶結，看起來很娘耶。」

「她叫米妮！」我指著米妮的圖樣鄭重聲明：「你不要跟我說你不認識她喔，我會笑你！」

「我知道她叫米妮啦！但為什麼我要用這個杯子喝東西？她裙子居然穿得這樣短呢！重點是她的腳還是黑的……哎唷，要是被我朋友看到我用這個杯子喝東西，我一定會被笑死啦！」

「怎麼會？」我誇張地睜大眼，把梁祐承手上的米妮杯拿過來，手握著杯上的手把，安慰他：「這杯子明明就很好看又實用，你朋友不會笑你的啦。」

「好看又實用，那妳不會拿去用嗎？我要用米老鼠的，他看起來有男子氣概得多了！」

「不行！我喜歡米老鼠，我要用這個杯子，你買米妮！」我把藍色米老鼠抱得死緊，不肯妥協。

「那我買唐老鴨！」梁祐承把米妮放回架子上，拿起一旁的唐老鴨杯。

「不可以啦！你一定要買米妮，不然米妮會哭耶。」

我把他手上的唐老鴨杯奪下，又拿起米妮杯，重新塞回他手裡。

「為什麼？」

「因為米老鼠跟米妮是一對啊，要是我們只買米老鼠回去，沒帶米妮一起走，他們一定會心情不好的！相愛的人本來就應該長廂廝守，要是你硬生生把他們兩個拆散，一個留在日本，一個去了台灣，他們一定會恨你的。」

「講得一副好像妳跟他們很熟的樣子！」

梁祐承聽我說得頭頭是道，忍不住笑起來，他推推我的頭，說我編故事的能力果然不同凡響。

後來他還是接受了米妮，也把她帶回台灣，讓她留在我家的櫥櫃裡，跟米老鼠長伴左右。

以致後來，只要他來我家，都會自動從玻璃櫃裡取出粉紅米妮馬克杯使用。

我們常會一人拿一個杯子碰杯喝，每當我們碰杯時，杯面上浮凸出來的米老鼠跟米妮就好像在接吻一樣，每次看見，我都好替他們開心！

有人陪在身旁的感覺真的很好！

偏偏曾經陪伴我的那個人，卻已經傷透了我的心。

愛情，總是開始於一個微笑，而結束於一滴淚。

我和他的故事也許就要結束了，雖然捨不得，雖然我還想要跟他繼續走下去，但很多事好像並不是自己想要就能成真的。

人長大了，總要學會接受、學會承認、學會妥協。

而我，在這個夜晚，迅速地成長了……

妥協並不是認輸，有時只是不想再為一件無關緊要的事幼稚地爭論下去……

不知道自己到底是怎麼睡著的，只記得我在地板上坐了整晚，眼淚，卻一滴也沒有掉。

心是痛的，眼睛，是乾涸的。

窗外陽光正好，有一束金黃光束穿透落地玻璃窗，爬進窗邊的牆面和地板上，亮晃晃的，我看見飄浮在光束裡的塵埃，彷彿包裹著金色亮光的螢火蟲，緩慢地飛舞著。

我沒看時間，不知道現在幾點了，只感覺坐在地板、靠在床沿睡了一覺醒來，全身都很酸痛。

昨日的事好像已經離我好遙遠了，遠得像一場夢，彷彿發生過，又彷彿只是我的想像。

也許只要我再打一通電話過去給梁祐承，只要我說服自己不去在意昨晚耳裡聽到的那些話語，我們便又能像以前那樣，快樂地在一起。

只是……我辦得到嗎？

肯定不行！

我爬上床，躺在柔軟的床上，一隻手抵在額上，看著天花板，模模糊糊地想著我和他的過去，那點點滴滴串連起來的回憶，全都是他和我在一起的畫面。

五年了，一個人的生命裡能有幾個五年？我用了五年的時間，費盡心力去愛這個人，而他卻辜負了我！

頃刻間，我好像明白了，原來之前的那些偶遇都不是偶遇，那全都是梁祐承刻意的精心安排！為了更靠近沈珮妤，他利用了我，他擔心一旦他畢業後，和沈珮妤也會因而斷了聯繫，所以他追求我、他和我在一起、他偶爾參加我們的聚會、他總是不嫌麻煩地載我去和沈珮妤及林誼靖見面，為了她，就算不是真的愛我，他也還是跟我在一起五年了……

原來她在他心裡的分量這麼重！

所以他從來不給我承諾，也從來不畫未來的藍圖給我，甚至當我鼓起全部勇氣跟他求婚時，他也只是沉默地看著我，摸摸我的頭，說：「還太早。」

不是太早……是他沒有愛！

沒有愛的婚姻如何走下去？

林誼靖來敲門時，我正迷迷糊糊地又快睡著，她在門外不斷叫著我的名字。

我拖著疲累的腳步走到門口開門，林誼靖一臉擔憂地看著我，又摸摸我的額頭。

「梁祐承打了好幾通電話來，說打妳手機都不通，前幾次我跟他說妳還在睡，他也沒交代什麼，就說讓妳好好睡，但剛才又打來時，知道妳還在睡，就有些擔心了，他叫我來看看妳，說妳昨晚就怪怪的，好像不舒服的樣子，他擔心妳生病昏睡……妳還好吧？」

「還好。」我點點頭，重新回到床邊，把自己拋到床上，說：「我沒生病，妳別擔心。」

「手機關機了嗎？怎麼不接梁祐承電話？」

「應該是沒電了吧。」而且我現在也不想聽到這個人的聲音！雖然聽到他的名字，我的心臟還是會漏跳半拍。

「我看妳怪怪的，是不是發生了什麼事？」林誼靖跟過來，坐在我床邊，眼睛看著我：「妳早上跟中午都沒吃，妳以前不可能這樣的，一定是發生了什麼事，才會讓妳難過到連吃東西的力氣都沒有。」

我搖搖頭，不知道從何說起，只好搪塞地回答：

「可能是太累，身體很疲倦，只想睡。」

「愈睡只會愈累，真的。」林誼靖還是很擔心：「我看妳先起來梳洗一下，我出去幫妳買些熱魚湯粥，妳吃一點，會比較有力氣，應該就不會那麼疲累了。」

「可是我不餓……」

「這不是餓不餓的問題，一定要吃些東西，身體才會有力氣，真的！」

拗不過她，我只好乖乖起身下床，躲到浴室裡梳洗，林誼靖便趁我沖澡時出去買魚湯粥。

洗漱完，出來時，林誼靖剛好開了大門走進來。

她把粥用大湯碗裝好後，拿到我面前。

「快，趁熱吃了吧。」

然後她便坐在我對面，安靜地看著我。

我躲避她的眼神，只專心地盯著面前的湯粥，一口接一口，沉默地吃著。

昨夜到剛才洗澡時，我都沒哭，但熱湯才一入口，面對眼前那氤氳熱氣，我的眼眶卻濕了，像心頭一個重要開關被啟動，一觸動，便再也忍不住，於是泫然欲泣的情緒瞬間爆發。

我的淚水很快就從眼睛裡掉出來，就算我再怎麼低頭抹臉，這個掩飾眼淚的小動作還是逃不過林誼靖的眼睛。

「我不想逼妳說，但人在難過的時候，總是要找一個出口，勉強憋著並不是堅強，哭一哭會好一點。」

林誼靖抽了幾張面紙，一邊遞給我一邊說。

我把其中一張面紙摺成長方形，抬高頭，閉起眼，將面紙放在眼皮上，輕輕按壓。

面紙很快就被濡濕了，於是我又換了一張，用同樣的方式放在自己的眼皮上。

林誼靖的手機鈴聲從她的房間裡響起，她走進去聽電話。我發現眼淚好像止不住，偏偏剛才那幾口粥下肚後，才感覺原來肚子是真的餓了，於是只好一把眼淚一口粥地吃著林誼靖的愛心。

林誼靖講完電話又坐回我面前，看了我幾秒鐘後才說：

「沈珮妤說她要過來。」

我有些怔忡地抬起眼，看了林誼靖幾秒鐘，她接下去說：「她說她要買些東西過來，晚上在我們家煮一桌子菜請我們吃。」

我沉默不語，很想叫林誼靖打電話回絕她，此時此刻，梁祐承跟沈珮妤是我最不想看見的兩個人。

但我畢竟還是沒開口，說到底，這整件事也不算是沈珮妤的錯，她在我面前從不避諱對梁祐承的反感，只是我那時不懂，問她，她也不明說，也許是我總是在她跟林誼靖面前不斷說著我有多麼喜歡梁祐承，有多麼依賴他給我的一切，因而沈珮妤怕傷害我，才一直沒跟我說實話吧！

也許她也跟我一樣，在等一個奇蹟。

我等的是梁祐承跟我求婚的奇蹟，而她等的是梁祐承有一天會真的愛上我的奇蹟。

我相信她是善良的。

一如我們初相識時，她總是善良熱情地把林誼靖跟我都放在第一位，不管做什麼，都會先徵詢我們兩個人的意見；不管是買什麼，永遠都買三份，不多也不少，就三份。

整碗粥都吃完了，我還是沒跟林誼靖坦白自己難過的原因，林誼靖也體貼地不多問，只說：「碗我來洗，妳先在客廳看電視吧。」

「我還是有點累，先回房間去躺著休息了。」

林誼靖起先不說話，只安靜地看著我，之後她開口：

「好，那我晚點去叫妳起床，妳別睡懶了，我記得妳前幾天還跟我說妳要開始寫新稿子，趕快提振精神吧，不要讓心情影響工作了。」

我感激林誼靖的體貼，她不把話說破，但其實她心裡比誰都清楚，我不是身體不舒服，只是心情不好，才顯得死氣沉沉。

躲回房間裡，我讓自己躺在床上，卻半點睡意也沒有，只能楞楞地盯著天花板發呆。

腦袋裡又想起梁祐承，雖然沒有正式提分手，我卻知道，和他，是再也不可能了。

曾經的期待，曾經的盼望，全都像過眼雲煙。

這條路本來是兩個人要一起走的，現在，只剩我一個人了……

愛有多深，傷就有多重。我突然明白這句話裡的意思，原來真的要失去了才會懂。

沈珮妤來的時候，窗外正好晚霞滿天，橘紅色的傍晚天色映進我房裡，染出一屋子的橘紅。

「魏蔓宜呢？」

房子的隔音設備並不是很好，我聽見沈珮妤站在我房門口問著林誼靖。

「好像在睡，也不知道是怎麼了。」

「生病了嗎？」

「看樣子不像，應該是心情不好，不知道是不是發生了什麼事，她的臉色不是很好，精神也不好，跟個病人差不多，不過我摸過她額頭，沒有發燒跡象。」

「但我昨天在戲院碰到她時，她還有說有笑很活潑啊，怎麼才一天就這樣了？」

「妳昨天也去看電影？」

「對啊，魏蔓宜沒跟妳說？」

「沒有。她今天睡了一天，剛才還是我硬挖她起床，強迫她吃東西，她才聽話照辦的呢。」

「妳怎麼沒問她到底怎麼了？」

「問得出來才有鬼！妳又不是不知道，她那個人的個性很牛很堅持，會說的，妳不用逼她，她就會主動跟妳說；不講的，就算幾個人一起拿刀架在她脖子上，她不說就是不說，怎麼逼迫都沒有用。」

兩個人邊聊邊移開，很快的，我就聽不到她們講話的內容，只能隱約聽見她們說話的聲音。

我不想起身，只想著，如果能就這樣死掉該有多好？也許痛也就不再那麼沉重了。

天色很快就暗了下來，我躺在沒有一絲燈光的房間裡，昨天的這個時候，我還開開心心地要跟梁祐承去看電影，怎麼才一天時間，我的世界就天崩地裂了？

原來這個世界上沒有什麼事是永遠的，再珍惜、再喜歡也終會結束，變成回憶。

林誼靖果然很守承諾地在她們兩個人聯手煮好晚餐後來敲我的房門。

本來我想裝死不去開門，但林誼靖也很堅持，不死心地拚命敲著，邊敲邊說：

「我知道妳醒了，再不來開門，我就破門進去，要是門鎖被破壞了，那也是妳家的事，數到三不來開門我就開始撞喔，一、二……」

林誼靖才數到二，我就急忙衝去開門，她那個人向來說到做到，我很怕門鎖真的被撞壞，到時還要請人來修理，很麻煩。

「就不信妳不開門。」林誼靖見我開門，馬上露出得意的笑容：「怎樣？有沒有聞到滿室香噴噴的飯菜香？是不是很厲害？」

我勉強扯開嘴角淡淡微笑，抬眼瞥了一眼，看見沈珮妤站在林誼靖背後對我抿嘴淺笑，眼神裡有某種程度的擔憂。

躲開她的注視，我把目光重新調回林誼靖臉上，說：「我洗了臉就過去吃飯。」

「要快喔，我肚子餓死了，只給妳三分鐘時間，三分鐘妳不來，我們就開動，妳就只有吃剩菜的份喔。」

「好啦。」

回到飯桌上，她們已經幫我把白飯添好，擺好筷子、湯匙，我像個客人似的，坐在自己的位置，望著滿桌的菜餚，忍不住食指大動。

原來人在極度傷心時，肚子還是會餓的。

我埋頭安靜吃著飯，偶爾夾些離我最近的東西吃，耳裡聽著林誼靖跟沈珮妤聊天的話題，卻只聽不答。

一開始那兩個人聊天聊得很開心，後來大概是留意到我都不加入她們的話題，便愈聊愈不起勁，到最後，整間飯廳靜悄悄的，只剩碗筷碰撞的聲音。

林誼靖是直腸子，什麼話都藏不住，我這陰陽怪氣的模樣，她可能也看不下去，便直接在飯桌上質問我：

「喂，魏蔓宜，妳到底是怎麼了？這樣怪里怪氣的很討厭，又不是生病或怎樣，有什麼心事就說出來嘛，悶在心裡搞神祕難道會比較快樂？」

我抬頭看她一眼，又低下頭，無力地說：「沒事。」

「騙鬼！沒事妳會這樣！」

林誼靖不知道哪根筋不對，「碰」的一聲，用力把碗往桌上一放，站起來，很生氣地對我說：

「了不起就是失戀，再不然就是不小心有了梁祐承的小孩，要不就是工作上的事，妳自己說說是哪一項？又不是什麼不能解決的事，妳有必要把自己搞得死氣沉沉，一副要死不活的樣子嗎？看了就讓人不爽快。」

我不是沒見過林誼靖這麼火大，卻是第一次見她對我發這麼大的脾氣，一時之間，我有些被驚駭住。

委屈和無奈隨即直湧心頭，逼出了眼淚。

我何嘗願意這樣陰陽怪氣，我也想像往常那麼活潑愛笑，但現在的我就是沒辦法把一切當作沒發生過，那道傷痕那麼深，傷口那麼痛，我實在很難無視地假裝一切如舊。

「欸，妳少說兩句啦。」沈珮妤見氣氛不對，連忙拉拉林誼靖的手。

「她這個人就是愛把事情藏心裡，有什麼事不能說出來好好討論的？她每次都愛搞這招，幹什麼呢？我失戀時都沒她這麼失神喪志，她像個行屍走肉的是怎樣？」林誼靖罵著罵著便轉向我，繼續發飆：「大不了就是喝個幾杯，醉個幾晚，日子還是要過，工作還是要做，這個世界並不會因為妳的壞心情而停止運轉，要不，妳叫世界末日快點來，全世界的人都給妳陪葬算了！」

林誼靖把話說得愈重，我反而愈能聽進心裡去，她的話，字字句句都像當頭棒喝，打得我頭昏腦脹，卻句句受用。

我的淚紛紛亂亂落了一地，看著她，卻說不出話來，很多掙扎、很多感慨全壓在心頭，說與不說都為難。

沈珮好好擔憂地看著我，她肯定還不知道我所知道的事，如果讓她知道我的傷心，她一定會很自責。

但這件事本來就跟她無關。雖然我在得知真相的那一瞬間有些埋怨她，但今天想了一整天，也知道她是無辜的，不過就是有人愛慕她，卻因為得不到她而利用了我。

不過，說來也是自己笨！

當初還傻傻地相信「命中注定」的說法，以為接二連三的巧遇是上天安排的緣分，笨笨地跟一個不愛自己的男人談了五年的戀愛，卻傻到沒發現種種跡象早就說明他並不是全心全意。

林誼靖又「碰」的一聲將雙手擊在桌面上，她推開椅子，說：

「我去買啤酒。」

「妳買什麼啤酒啊？口渴冰箱有果汁，我剛才買來的。」沈珮好說。

林誼靖指著我，說：「這人要是不用啤酒灌她，沒把她灌醉，她一定不會把心裡的話說出來。」

「可是妳酒量比她差，說不定她還沒醉，妳就……」

「所以妳要留下來幫我，妳不是不會喝，妳是不愛喝，妳酒量是我們三個人裡面最好的，今晚就讓妳跟她拚酒了。」

「喂，妳……」

「為了朋友好，我知道妳肯的。」林誼靖丟下這句命中沈珮好要害的話後，說了句「我去去就回來，等我」就出門了。

留下還坐在飯廳裡哭得眼睛鼻子都紅透的我，還有眉頭深鎖，擔心地不斷盯著我看的沈珮好。

沈珮好望著我看了好久，才終於嘆了口氣，拍拍我的肩膀，輕聲說：「到底發生了什麼事，值得妳這樣愁眉苦臉的？昨天晚上不是還好好的嗎？」

我看著她，胸口一緊，眼淚掉得更凶了。

哭了一陣後，我忍不住開口幽幽地說：「沈珮妤，其實……我都知道了！」

或許，在這個世界上，有許多事，不知道會比知道幸福些……

就像林誼靖說的，日子還是要過，工作還是要做，這個世界並不會因為我的壞心情就停止運轉，所以那天晚上我們三個女人卯足了全力拚酒量，最後是誰先醉倒我也記不得了，只記得醒來時，三個女人全歪歪斜斜地躺在我家客廳地板上，一點淑女形象也沒有。

第二天醒來，沈珮妤跟我前嫌盡釋，說好不再為一個男人壞了姊妹間的感情，林誼靖可比我們兩個人都激動得多，她不斷地罵梁祐承，說他枉為男人，還說自己當初真是瞎了眼，怎麼會喜歡他這種表裡不一的人。

聽見別人這麼罵梁祐承，我並沒有開心的感覺，還是下意識地幫他說話。

畢竟除了感情這一塊，他沒辦法給我真心之外，其餘的，他真的是盡全力地給，這五年來，我們兩個人相互扶持，他總是在我最寂寞時，排除萬難地陪在我身邊，給我最多的溫暖及鼓勵。

「最討厭妳們這種婦人之仁的人了！明明就他不對在先，妳們卻還是找盡藉口幫他說話。要懂得敢愛敢恨，別人對妳好或不好，妳都要記得加倍奉還，不要當軟柿子，被欺負了還安安靜靜……」

林誼靖說得義憤填膺，我跟沈珮妤在一旁噤聲不語，深怕一出聲，就會被她的颱風尾掃到。

第三天，我提早開工，為下一個故事努力編寫劇情。

因為手機一直呈現關機狀態，梁祐承手機打不通，只好打家裡電話，但因為家裡電話有來電顯示，只要一看到是從他手機或他家撥出來的號碼，電話一律被林誼靖擋回去。

林誼靖沒讓梁祐承知道我不理他的真正原因，只說我在閉關工作，所以不開手機，也不准別人來吵。

梁祐承大概是傻傻地相信了，幾天之後，他不再打電話來。

他不再打電話過來，我卻有悵然若失的感覺，一種好像我真的失去他的感受浮上心頭。

失戀通常是這樣子的，一開始可能只是心情不好，還沒什麼太大的感觸，總有對方不過就是忙了點，沒空陪我們的錯覺；可是一星期過後，當我們逐漸接受事實，逐漸明白他才不是沒空陪我，而是真正遠離我的身旁，傷心的情緒便會急劇加大，宛如暴風雨般，強颮進我們心頭，於是傷痛加重，眼淚便成了唯一救贖。

「妳當初是怎麼熬過來的？」

一天夜裡，我跟林誼靖一起坐在客廳沙發上看電視，我們兩個人肩靠著肩，一起吃一盤開心果，盯著螢光幕上的整人節目，林誼靖被逗趣的內容弄得哈哈大笑，我卻一點也笑不出來。

「什麼怎麼熬過來？」她眼睛不看我，拿了一顆開心果剝開後丟進嘴裡才反問我。

「失戀啊，妳怎麼熬過來的？」

「就這樣熬啊，不然呢？」林誼靖的語氣雲淡風輕，像在講別人的事那般輕鬆：「我每晚都躲在房間哭得喘不過氣，只是妳不知道而已。」

「啊？真的嗎？」我瞬間瞪大眼，不敢置信地看著她。

「這種事有什麼好騙的？再怎麼說，我對那個人也是有付出感情的。只是失戀這種事是很個人的，沒必要拉著妳們兩個為我擔心煩惱，所以我只好躲起來自己哭，也不讓妳們看見我愁雲慘霧的模樣。」

我突然覺得林誼靖很不簡單，雖然她失戀初期確實不快樂，但見到我時，仍能跟我聊個幾句，也沒什麼異樣。

跟我這種一失戀好像天地化為零的個性比起來，她真的是把自己偽裝得太好了。

「其實失戀也是人生必經的旅程之一，也許過程很痛苦，也不美好，可是我們卻可以看見世界上不同的另一面，你會明白什麼人是值得的，什麼人是在浪費你的生命。也唯有失戀時，你才能看清楚身旁的人的嘴臉，明白朋友裡有哪些人是真正關心你，有哪些人只想當個八卦王，把這些失戀故事當成茶餘飯後的餘興節目。」

面對林誼靖的語重心長，我第一次感覺慶幸，我已經脫離那種朝九晚五的上班族生活很長一段時間了，身旁的朋友也只剩幾個知心的，沒有七嘴八舌的同事們可以把我的故事拿來當閒嗑牙的話題。

林誼靖攬著我的肩膀，用很輕的聲音對我說：

「老實說，我不像其他人會跟妳說『妳要快點走出來』，或『總是會過去的』這一類安慰性的話，日久，自然會傷癒，我只是希望妳別一直把自己困在傷心裡，不要滿腦子想著自己有多可憐、那個人傷妳有多深多重……過於自憐自艾，只會把自己綁在傷心的迴圈裡，一圈又一圈地繞，無止無盡……妳那麼聰明，一定知道我在說什麼。」

我點點頭：「我沒有那麼嚴重，雖然不免會難過，但我還是勉強自己不要想太多，我知道也許只要時間再過久一點，當已經走遠的我再回頭來看現在這段過程時，或許曾經覺得重如生命的一切，也變得微不足道了。」

林誼靖朝我笑了笑，說：

「妳知道就好！最近妳這樣鬱鬱寡歡，成天把自己關在房間裡拚命工作寫稿子，讓沈珮妤很自責，她幾乎天天打電話來問我妳的近況。」

我驚訝地看著林誼靖，又好奇地問：「她幹嘛自責？」

「我不殺伯仁，伯仁卻因我而死。」林誼靖頓了頓，又說：「這句話應該是她的心情寫照吧。」

「我沒有怪她呀，這件事又不是她的錯。」

「但起因也是因為她。妳也知道，沈珮妤本來就很會想東想西的，更何況梁祐承當初也真的是因為追她追不成，才轉而來追妳好接近她的。」

我暗忖，或許該找一天約沈珮妤吃個飯，聊一聊，把這個結解一解。

幾天之後，我外出採買回來時，竟然在我家路邊看見梁祐承的車。

本來我想轉身逃開，但人才跑沒幾步，梁祐承已經追過來。

「妳到底怎麼了？」

梁祐承抓住我的手，眉頭緊蹙著，神色憔悴許多，人看起來也瘦了不少。

我努力想掙脫他的手，卻被他抓得更緊。

「從上次看完電影後，妳就不接我的電話，一開始林誼靖跟我說妳在寫劇本趕進度，我還傻傻相信。但妳的手機一直沒開機，打電話去妳家也會被林誼靖擋掉，我就知道事情不對勁！妳不是忙起來六親不認的人，以前就算妳再怎麼忙，還是會抽空跟我聯繫，怎麼這次不同了？」

梁祐承紅著眼，認真地看著我，嘴裡銜著悲痛的語氣，幽幽問我：

「我們之間的故事真的結束了，是嗎？妳不想讓它再繼續了，對嗎？可是那是為什麼？我要知道原因！」

我心頭一酸，這陣子好不容易忍住不再掉的眼淚終又潰堤。

「既然你不是真的喜歡我，那又為什麼要抓著我不放？我們已經浪費了五年的時間去延續一段沒有未來的感情，但現在，我已經沒有更多的五年可以陪你演戲了，你要當情聖，你想要瘋傻癡癲，那都是你的事，我不想再當傻瓜了。」

梁祐承楞楞地看著我，良久後疑惑說道：「我怎麼聽不懂妳在說什麼？」

我抹著掉得又急又多的淚，透過模糊的視線瞪著他，一字一句，清晰緩慢地說：

「梁祐承，到此為止吧！沈珮好不珍惜你的付出，那是你跟她的事，但請不要把我的付出視為理所當然，我的感情只想給懂我、珍惜我的人，不是隨便哪個誰都可以讓我傾盡所有付出的……」

愛情也是一種學習，它讓我學會笑與淚、感動與心痛。

愛情的世界裡沒有絕對的公不公平、是非、對錯，只有真不真心和愛與不愛。

我也曾期待能與你一起到永久，雖然這樣的祈望真的很貪心！

和大部分女生一樣，我很相信星座、塔羅牌，也相信紫微斗數和生辰八字之類的算命，我曾經整夜不睡，不斷用撲克牌算著我們的未來，只要算出來的不是我想要的結局，我就覺得不準，再洗牌重新算，非得算到一個好的結果，自己才會心滿意足地認為：沒錯！這就是我跟你的未來。

林誼靖說，我是在自欺欺人。

但在愛情裡，誰不會自欺欺人呢？

每個人都希望自己是對方眼中的唯一、絕對、獨一無二。

萬一知道自己不是時，就會幫對方尋理由、找藉口，然後殫精竭慮，只求自己能重回對方心目中第一名的位置。

可是，愛情走了就是走了，再怎麼努力，它還是不可能回頭。

愛情不是功課，不是努力了就能如願以償。人心往往是最難駕馭的，並不是盡力了，對方就會愛你。

一切只能靠緣分。

也許我們的緣分真的不夠深，不足以讓你陪我走一輩子的路，雖然我很愛你，雖然我曾經很珍惜你，可是宿命如此，而我，卻無法憑一己之力扭轉乾坤。

所以我只能把你藏在自己的腦裡、心裡、回憶裡，時時刻刻，點點滴滴。

「反正會再遇到更好的，這麼想，也就不會那麼難過了。」林誼靖安慰我。

沈珮妤拍拍我的肩膀，輕輕說：「就當作是做了一場好夢，至少曾經快樂過，心曾經飽滿過，也就不會那麼遺憾了。」

我的淚，源源不斷，面對她們兩個人的安慰，卻有著更拉扯的痛。

「原來，就算再怎麼捨不得，還是得放手……愛過才知道，心如止水，其實是幸福。」

Chapter 5 努力愛，卻也深沉地痛著

人在極度悲傷的時候，思緒會打結，口條也是紊亂的。

我沒跟梁祐承繼續談判，總覺得在這個時候跟他討論我們的感情，非常沒有意義，也沒有任何建設性。

當一個人還很愛另一個人的時候，驟然病變的感情，會讓受傷的一方恨極自己曾經深愛的那一個人。

我承認自己是有點恨梁祐承，也不能保證當自己情緒失控時，是不是會對他口出惡言，是不是會哭鬧得像個要不到糖的小孩……雖然我們都是成年人，但那並不代表我們會用成年人該有的理性方式和平分手。

所以，趁著自己還有點理智時，我用力甩開他的手，迅速閃進社區大門內，關上大門，不理會梁祐承的呼喚，奔回住處。

衝回家時，林誼靖剛從浴室走出來，頭上還包著濕毛巾，見我跑得氣喘吁吁，還涼涼地問我：

「怎樣？是不是遇到上次我跟妳說的不知道哪個住戶家養的大黑狗了？牠真的很可怕吧？瞪人的時候眼神特別凶狠！牠是不是追著妳跑？我們真該去跟管委會投訴的，怎麼有人這麼沒公德心，養狗也不栓好，常讓牠在中庭散步，還長一臉不討喜的狗樣……」

也許是我不小心吸鼻子的聲音引起林誼靖的注意，也或許是被她眼尖地看到不斷從我眼裡滾落出來的淚珠，林誼靖的說話聲戛然止息，室內被鋪天蓋地的沉默籠罩，靜得連我都能聽見自己的心跳聲，之後，她才又朝我靠近了幾步，怯生生開口：

「喂，魏蔓宜，妳……是不是在哭？」

我沒有否認，本來還想假裝沒事瞞過林誼靖，但眼淚卻不肯止息，既然偽裝被識破，我也就不避諱地用手背不斷抹去臉上的眼淚，也不再刻意壓抑哽咽聲。

「妳幹嘛啦？好端端的哭什麼？是不是那隻死小黑嚇到妳？」林誼靖講得義憤填膺：「牠在哪裡？老娘今天跟牠拚了，不踹牠個兩腳，我就跟牠姓黑！」

「妳又知道牠姓黑了？」

聽見林誼靖這樣說，我忍不住輕扯了下嘴角。

「牠長得黑抹抹的，不姓黑，難道還姓白啊？」

「就算牠真的叫小黑，也不一定姓黑啊。」

「現在不是討論牠姓什麼的時候，妳剛才在哪裡遇到牠？我先來去修理牠一下，省得下次牠嚇到其他住戶的小孩，那就更麻煩了。」

林誼靖說著就打算開門出去，被我及時拉住。

「我沒有被那隻黑狗嚇到啦，牠今天沒出來……」

「沒出來？」林誼靖一臉狐疑地看我：「那妳跑那麼喘做什麼？還哭呢！還是……遇到壞人？」

關心則亂。

這句話用在林誼靖身上再貼切不過。

「沒有啦，妳別瞎猜。」

「不然是怎樣啦？妳這樣吊我胃口很煩耶，妳又不是不知道我最討厭這一招，有什麼事就開門見山地說，不要考驗我的推理能力啦！」

林誼靖火大了起來。

「是……梁祐承。」

「梁祐承」這三個字果然是林誼靖的大禁忌，她眼中馬上燃燒起鬥志。

「梁祐承怎樣？他出現了嗎？」林誼靖一臉不共戴天之仇的憤恨表情：「在哪裡？」

在林誼靖的注視之下，我點點頭，說：「剛才在社區大門外的路邊。」

林誼靖握緊拳頭，罵了聲「廢人」，開了大門就要出去。

「妳做什麼啦？」我拉住她，她生起氣來的氣勢很驚人，連我都懼怕三分。

「出去揍梁祐承幾拳啊。」

「妳揍他幹嘛啦？妳是女生，力氣一定比他小，萬一他還手怎麼辦？妳會受傷的！」

林誼靖使勁掙扎，想甩掉我的手，但我也用盡所有力氣拉住她，一面把她往屋裡拉，一面用腳勾住門板再用力踢回去，把大門關起來。

「妳不要拉我，不給這個廢人一點顏色瞧瞧，他會當我們女生好欺負，一個沈珮好他糾纏不夠，還拉妳進來當替死鬼，我最看不起這種男人了，說他是禽獸都污辱了禽獸！」

「都過去了，好聚好散嘛，我們都是成年人了，不要用暴力的方式解決事情啦，太幼稚了。」

林誼靖還在掙扎，我也還在努力壓制她的掙扎。

「必要的時候，暴力是唯一可以解決事端的方式，幼稚又怎樣？犯法啊？」

唉！這個林誼靖，真的很幼稚！

我繼續勸她：「我都不想跟他計較了，妳跳出來跟他嗆聲做什麼？不要讓人家覺得我們野蠻沒風度，再說，我好歹也算是個文字工作者，不要撕破臉讓人家感覺我們沒教養。」

「可是不揍他幾拳真的沒辦法發洩我滿腔的怒氣！這個人真的太過分了！」林誼靖還在跳腳。

本來我還被梁祐承惱著，現在看到林誼靖這樣，反而忘了氣，也忘了要哭，只覺得她為朋友兩肋插刀的樣子好可愛！原來她平常勸我要放下，要學會遺忘傷心難過的那些，真的都只是安慰我的話而已呀！

我放掉抓住她的手，假裝無所謂地說：

「好啊！如果妳真的想揍他就去吧！他應該還沒走遠，妳最好揍大力一點，這裡、這裡、這裡，全都要狠狠地揍，聽見沒？」

我一面說，一面指著自己的眼睛、胸口、肚子，要林誼靖別客氣，就揍我說的那些地方，幫我報仇。

林誼靖一陣風般地隨即扭開門把衝出去，我則在她出門後偷偷尾隨著她。

就算已經分手了，就算心已經傷痕累累，就算埋怨他為什麼要做出這些傷害我的舉動，但我還是不想看到他受傷，就連一丁點也不想看到。

我希望他毫髮無傷。

但身體的毫髮無傷不代表我希望他心情好過。

我希望他會後悔放我走；希望我不在身邊的時候，他會瘋狂地想念我；希望他此生再也不會遇到比我更好的人，他會突然明白，原來我才是最好的；希望他會因為失去我而變得憔悴、失落、沒有精神……

我不知道自己這樣的想法是不是很病態，但我卻想用這樣的方式，證明自己在他的心裡是有重量的。

林誼靖疾步穿越中庭，衝到社區大門前，仔細搜尋大門黑色鐵欄杆外的一景一物，發現沒有梁祐承的人影，也不見他的車，才又悻悻然地回頭，走了幾步路後，看見我，便興師問罪地指著我說：

「妳剛才幹嘛要攔我？讓我出來揍他幾拳不就好了？現在他逃走了，我卻被搞得滿肚子氣，不找個人打都不爽快了！」

我微笑，一副從容就義的姿態：「那我讓妳打啊！」

「妳說的喔？我打下去妳可別哭，我的手勁很大的。」

「我當然知道妳的手勁很大，放心！我會忍住不哭的。」

林誼靖聽完馬上舉高手，一臉殺氣地朝我飛奔而來，就在她離我大約三步路的距離時，我下意識地閉起眼，等待林誼靖的手刀朝我揮擊而來。

等了一會兒，始終等不到林誼靖揮過來的手，於是我先偷偷微睜開右眼，瞇著眼看她，看見她垂著兩隻手，站在我面前盯著我，我立刻把雙眼全張開，衝著她笑：「怎麼啦？捨不得打我了吧！」

「捨不得個屁！」

說時遲那時快，林誼靖的手已經揮過來，擊上我的後腦勺，雖用力，但並不十分痛。

「還真是毫不客氣哪。」我還是笑。

「對妳，我從來不用太客氣。」林誼靖也笑著，攬著我的肩，和我一起往家的方向前進，她邊走邊說：「以後如果再遇到他，要哭之前，記得先狠狠甩他幾巴掌，用幾巴掌來原諒他曾經給妳的傷害已經是太仁慈的行為了，懂嗎？千萬不要讓自己委屈了。」

我點點頭，有一道暖流緩緩地滑過心頭，再漫上鼻尖和眼底……

愛情也許並不是太困難的習題，只是我太笨，從來就不知道該怎麼解題。

新微電影劇本交出去三天後，我揹起行囊，一個人去旅行。

「妳到底要去哪裡？」

出門的前一天晚上，當我告訴林誼靖，我決定沒有目的地一個人去旅行時，她很緊張地不停問我到底要去哪裡。

老實說，我心中並沒有任何規畫，也許是在台灣，也許是到香港、日本，或者更遠的地方。

「別擔心，我玩累了就會回來了。」我握握她的手，勸她不用替我擔心。

「我跟妳一起去好不好？」林誼靖還是無法寬心，她反握住我的手，說：「妳一個人去，我真的不放心。」

「有什麼好不放心的？套一句妳平常最愛說的話：我長大了耶，是個大人了呢。」

「可是兩個人一起去多少有個照應，我們可以彼此照顧，而且我的外語能力比較好，不管是日本或歐美，語言部分我都可以通，我跟妳去，妳才不會在人生地不熟的地方被騙。」

我試著安慰她：「我又不一定會去日本或歐美，也許我會一直留在台灣玩啊。」

「那也帶我一起去嘛！」林誼靖開始撒嬌：「我陪妳嘛！我可以說好多笑話給妳聽，我可以陪妳喝酒耶，我們可以去 Pub 跳舞，妳不是說妳想去看看同志酒吧長怎樣？

我也可以陪妳去啊，好不好啦？」

我搖搖頭，輕輕拍拍她的臉頰，看著她的眼睛，認真地說：

「別擔心我，我會好好的，絕對絕對絕對不會做傻事，真的。」

「可是……」

「沒有可是，不會有如果！林誼靖，這是我在心底策畫了好久的旅行。妳也知道，自從認識梁祐承之後，我的生活裡就一直是他，也只有他。有好幾次，我都想自己一個人去旅行，想去看看這個世界的美，看看我們不知道的另一個世界是什麼樣子的，但那時我走不開，一方面是因為工作，一方面是因為梁祐承沒有穩定的工作，我怕我不在，他會找不到人說話，他遇到工作方面的挫折時，沒有人幫他加油打氣，我用自己的自以為是，努力地在乎著他……」

頓了頓，我繼續說：

「現在他不在了，我終於可以放心去追逐自己想要的生活，做我們這一行的，多看、多聽、多想是必要的，也只有踏遍世界的足跡，才能讓心裡塞進更多不一樣的元素，讓筆下的人物有更多的色彩、更豐富的故事性……所以，真的不要擔心我，我保證我會好好的，妳幫我照顧好我的房子，一個人住實在太無聊時，就叫沈珮好搬過來跟妳一起住吧！也許兩個星期後，我就會回來了。」

之後我又費了好大的力氣，才讓林誼靖答應不跟來，讓我一個人好好去旅行。

隔天，林誼靖一早起床先幫我煮了一鍋粥，又準備了一桌子的菜。

我從房間裡走出來時，看見滿桌子菜餚，簡直嚇傻。

「林誼靖，妳煮這麼多東西做什麼？」

「妳要出遠門，我有好長一段時間見不到妳，就想著要好好幫妳準備早餐，讓妳有吃飽飽的幸福感，妳喜歡吃香煎蛋，妳喜歡吃小白菜炒蛋，妳喜歡吃茄汁魚罐頭，妳喜歡吃豆乳空心菜，妳喜歡吃土豆麵筋，妳的白粥喜歡拌海苔醬吃，妳喜歡吃完早點後再喝一杯溫豆漿……我準備這個時就想到那個，不知不覺就準備這麼多東西了……」

她語一落，我就激動地抱住她，眼眶濕濕的：

「妳真壞！存心要讓我哭。」

「我是想讓妳記得早餐的味道，這就是家的味道，如果累了就早點回來，不要讓我想念妳太久。」

林誼靖用哽咽的語氣說著，我不用看她的眼睛就知道她八成是哭了。

兩個女人一面吸著鼻涕一面吃早餐的畫面實在很不浪漫，但我的心裡卻很感動，因為我嘴裡吃著的是滿滿的愛和關心。

吃過早餐，林誼靖堅持要送我去台鐵站，因為我跟她說我第一站想去苗栗走一走，看看客家文化，吃吃客家美食。

路上，林誼靖安靜沒說話，卻常常偷瞄我。

我知道她心裡捨不得，可是我只是出去走走，並不是一去不回，我覺得她的反應太過度了。

到了台鐵站，她停好車，堅持幫我提行李，又陪我走進月台。

當我的列車進站時，她又緊緊地抱著我，就像以前電影裡送君千里的那種不捨畫面。

「早點回來。」林誼靖今天感情超豐沛，隨便一句話就能哽咽掉淚，她抱著我的脖子，繼續說：「有空要記得打電話回來。」

我點頭，又叮嚀她：「幫我看好房子，我的手機已經停話了，想我時忍耐一下，有空我就會打電話回來；妳記得每天要吃早餐，櫥櫃裡的泡麵不要常吃，對身體不好；有時間多到外頭去曬曬太陽，對身體是有益處的；不要常常自己一個人偷喝啤酒，沒人照顧妳，頭痛了怎麼辦？有空就打電話給沈珮好，一定要幫我跟她說，我真的沒生她的氣，也不怪她，還有……要是梁承祐打電話來，就算再怎麼生氣，也千萬不要講狠話傷了他……好嗎？」

講到最後面那句話時，我本來還算鎮定的聲音便有些飄掉了，原來我還在乎他！

林誼靖不斷點頭，回答我：

「要是梁祐承打電話來，我一定不會對他撂狠話，但要是不小心讓我在路上遇見他，我的手腳就不是我的大腦可以控制的了，反正……不管怎麼樣，妳都要快點回來，不要讓我一個人孤單太久啦。」

我也用力抱抱她，答應她：「我會盡快回來的。」

列車啟動後，我的孤單旅行開始了。

我在苗栗停留了兩天，然後又去了南投、台南、墾丁、台東，最後繞完整個台灣一圈後，來到桃園，搭上飛機，飛往香港。

我身旁坐了一對情侶，飛行過程中，兩個人感情很好地十指緊握著，一人戴一個耳機，一起聽同一首歌曲。

看著他們臉上幸福的笑容，我更想念梁祐承了。

我想念他寬闊的胸膛、溫暖的懷抱、臉上的笑意、眼底的寵溺、說心疼我時臉上認真的神情……我相信，當他說他喜歡我時，他是真心這麼說的；而當他知道我明白真相時，他的愧疚也是真心的。

「嗨，妳一個人去香港嗎？」

耳邊乍然響起這句話，我慢半拍地意識到這句話好像是對我說的，於是我轉過頭去，瞧見坐在我身旁那個女孩臉上明亮的笑容。

我點頭，算是回答她的問題。

「去探親？工作？還是去玩？」

她又問，坐在她身旁的男朋友好像已經睡著了，他用薄毯蓋住頭，側著身，舒服地窩在自己的位置上。

「去玩。」

「哇，妳好勇敢。」女孩發出驚呼聲。

「因為想要一個人旅行，所以就來了。」

我傻笑，其實心情是有些忐忑的，來到一個陌生的城市，面對未可知的命運，如果有認識的人在一旁，或許就不會如此膽怯了。好後悔沒讓林誼靖跟著來。

女孩笑起來有兩個大大的酒渦，看起來青春無敵，很讓人羨慕，她說她叫小亞，亞洲的亞，不是高雅的雅。

小亞指指她身旁的男生：「我們兩個人也是自由行，第一次來香港，人生地不熟，又興奮又害怕，真是十分矛盾的心情。」

「你們住哪間飯店？」

隨口一問才知道，小亞他們下榻的飯店剛好是旅行社幫我訂的那一間，於是我們兩個女生就這樣吱吱喳喳地聊起來。

「那明天一起去香港迪士尼玩吧。」小亞大方地邀約。

「好。」我用力點頭。

真好！能在旅途中遇見志同道合的朋友，其實是我的幸運。

於是，始終灰暗的心情彷彿撥雲見日，有道光穿越層層雲霧，投進心頭，溫暖了所有感受。

我想念你。在失去你的第三十八天，第一次發現，我竟然如此如此的，想念你……

抵達香港後，我們直奔飯店 check in，下午的時間，我自己一個人逛街、吃東西，還好在香港，講國語一樣能通，就算是看路標，一樣都是中文字，也不至於會迷路。

難怪林誼靖說香港是個血拚的好地方，我自認自己不是閃靈殺手，但才逛了一個下午，我就滿手大包小包提到手酸。

這會兒又慶幸還好林誼靖沒跟來，要是她來了，她自己愛買也就算了，肯定還會在一旁瞎鼓譟，她最愛玩跟銷售員一搭一唱那一招，鼓吹我買這買那，我有時會懷疑她是不是那些店家的股東，不然怎麼老幫著外人一起來謀殺我的錢包。

回到飯店時已經天黑，我先回房間泡了熱水澡，又叫飯店送了些東西到房裡，邊看電視邊吃東西，感覺生活好愜意。

不過愜意的感覺並沒有持續很久，半夜時，已經躺在床上熟睡的我被一陣又一陣翻天覆地的肚子絞痛感給痛醒，我跳著衝去上廁所，坐在馬桶上拉到無力。

頭暈暈的，我開始回想今天到底吃了些什麼東西，怎麼會突然肚子痛。但吃過的東西實在太多，幾乎路上看到的新奇食物我都嚐過了，也不知道到底是哪項食物有問題。

於是一整個晚上，我來來回回跑了好幾趟廁所，到後來都已經拉不出東西來了，腸子卻依然絞痛得厲害。

小亞來按房間門鈴時，我正迷迷糊糊地睡著，也不知道她到底按了多久門鈴，當我勉強撐起虛弱得彷彿不是我的身體的身子，手扶著牆，慢慢踱到門邊開門時，小亞才露出如釋重負的笑容。

「我還以為妳出門了呢！」小亞活力十足地笑著，一見我臉色不對，馬上關心地扶著我，問：「妳怎麼了？」

「半夜腸胃不舒服，一直跑廁所。」我虛弱地笑笑，說：「今天恐怕沒辦法跟你們去玩了，沒關係，我再休息一下就好，你們先去玩吧。」

小亞不放心地用手摸摸我的額頭，皺著眉說：「妳好像發燒了耶。」

隨即，她又叫她男朋友過來幫忙確認，她男朋友才碰到我的額頭，馬上肯定地說：「妳發燒了呢。」

「那怎麼辦啊？」小亞焦急地看向他。

「我的包包裡有退燒藥，妳介不介意吃成藥？」他問我。

我搖頭：「不介意。」

「那妳等著，我去拿。」他又回頭叮嚀小亞：「妳先扶她進去躺著吧，再倒些溫開水給她喝，我先去拿藥。」

小亞點點頭，扶我回房間躺好後，又倒了杯水給我：

「我不知道拉肚子能不能喝水，不過妳在發燒，多喝點水應該沒關係吧。」

「這時候要是在台灣該有多好，可以馬上拿健保卡去看醫生領藥吃。」我居然還有心情開玩笑。

「等等我去服務台問問這附近哪裡有醫院，妳一直拉肚子、發燒也不是辦法。」

「現在好像好一點了，腸子已經不再那麼絞痛了，或許等一下我吃了妳男朋友的退燒藥，再睡一覺應該就會好些了吧！你們還是按照原訂行程先去迪士尼玩吧，不要因為我而耽誤了，我會過意不去的。」

「再說吧。」小亞只是笑笑，安慰我先不要想太多。

沒多久，小亞的男朋友折回來，拿了一顆藥丸放在我手心裡，我把它放進嘴裡，和著一口開水吞進肚子裡。

「好了，你們可以去玩了，不用顧慮我，真的。」我催他們快出門：「現在去還不算晚，再晚一點去，人潮就多了，到時要玩遊樂設施就要排隊排很久了。」

小亞走到她男朋友身邊，兩個人交頭接耳討論幾句後，她男朋友點點頭，然後離開我房間。

小亞卻走到我身旁。

「我們決定明天再去迪士尼，今天是假日，遊樂園裡一定很多人，明天是上班日，說不定人潮不會那麼多。而且我男朋友說他想去街上找他朋友跟他說的那間玩具模型專賣店，他說我去那種店一定會很無聊，叫我留下來陪妳。」

我看著小亞，心裡覺得很感動。我知道她說的一定不是實話，她只是放心不下我，又怕我會歉疚，所以刻意這麼說。

對一個萍水相逢的人來說，她的付出實在比一個朋友能給的還要多上許多。

「妳睡一下吧，我就在一旁看書，妳不舒服就叫我，好嗎？」

我點頭，疲累地閉上眼，也很快地入睡。

再醒來是因為退燒藥發揮功效，我被逼出滿頭滿身的汗，熱得醒過來。

小亞在一旁看無聲電視，也許是聽見我翻身的聲音，她轉過頭來時，正好對上我的眼睛，然後她笑了。

「妳好點了嗎？」她走過來，說：「妳流了很多汗喔，要不要去沖個澡再回來睡？」

我點頭，然後拿了換洗衣服去沖了個熱水澡，再出來時，小亞依然在看電視，不過這回她讓電視恢復音量，我出來時，她正好看到好笑的橋段，於是開心地跟著大笑。

「對不起，害妳在這裡陪我。」

我走到她身旁，滿心歉然地說。

「把妳一個人丟在這裡我也不放心，不放心就玩不起來，那倒不如就留下來陪妳，等妳身體恢復了，我們再一起去好好地、瘋狂地玩吧。」

小亞的笑容很甜、很開朗，我要是男生，一定也會被她深深吸引。

「妳餓了吧？要不要叫些熱食來吃？」

我還沒來得及回答，肚子就老實不客氣地咕嚕咕嚕叫了幾聲，連小亞都聽見我的胃在抗議。

因為不知道拉肚子到底能吃什麼，所以小亞幫我叫了一些清粥小菜，自己則點了小火鍋。

「我很愛吃小火鍋喔，不過阿哲卻不愛。每次我們出去吃飯時，他只要問我想吃什麼，我就說小火鍋，但是沒有一次被他接受，他超不喜歡吃火鍋的，因為他討厭等待的感覺，可是我卻很喜歡看見一堆食物被丟進鍋裡，等著鍋裡的湯燃到沸點時，不斷冒泡的樣子，那會給我幸福的錯覺，彷彿我的幸福不斷地冒出來一樣。」

阿哲是小亞的男朋友的名字。

老實說，我看不出來阿哲是這麼不貼心的人，我看他們兩個人的感情倒是很好。

「你們會為這種事情吵架嗎？」

「以前會，現在不會了。」小亞咬著筷子，微笑對我說：「我們曾經分手過。分手後也各自交往了不同的對象，但總覺得在對方身上找不到自己想要的感覺，阿哲是第一個讓我付出所有感情的人，所以不管後來跟誰交往，總會不自覺地拿阿哲來跟他們比，發現沒有一個人比得上他。」

小亞頓了頓，又笑著：「也不是說阿哲比較優秀或怎樣，老實說，他大概是我這輩子認識的人裡面，個性最古怪、壞習慣最多的人，可是愛情就是這樣，在別人眼中可能只是個垃圾的他，在我眼中卻是最美的瑰寶；他有太多別人看不見的優點，他偶爾會撒嬌，他很有肩膀，他雖然有點大男人，但大部分時候還是很溫柔，他是唯一一個當我不講理又鬧脾氣，哭到不行時，還能放下身段，扮醜逗我笑的人，所以我們才會又在一起，因為喜不喜歡一個人，實在沒辦法勉強，你的心自然會告訴你該怎麼辦。」

我看著小亞依然笑得天真爛漫的臉，心裡突然有了某種頓悟。

是啊！喜不喜歡一個人，確實是沒有辦法勉強的事。

心之所向，欲之所望，事之所暢。

也許愛情的面貌總不如我們所想像，但不如我們原先設想的愛情，不一定就不美好，或許只要換個角度想，便又會是另一窗美麗的風景。

在沒有你的城市裡，我突然渴望聽見你的訊息，卻又害怕聽到你很好的消息。

我的病在徹底休息一天後就完全痊癒了。

我們依照原訂計畫去香港迪士尼玩一整天，我陪玩得像個瘋孩子似的小亞繞著整個園區跑，玩遍她想坐的遊樂設施，眼睛笑著，嘴上說著，心裡卻不斷地想著梁祐承。

也許，我是真的輸了。

即使他用那麼殘酷的方式傷害我，我還是沒辦法完全討厭他。不知道他後來還有沒有再回頭來找我？一段用心經營了五年的感情，付出那麼多心力，或多或少有些真心吧！不然怎麼能維持這麼久呢？

或許在某年某月某日的某個時刻裡，他曾經真心地愛過我，雖然他的出發點並不良善，我卻不能否定這五年來他對我的關心和照顧。以一個朋友的立場來看，這樣的關懷是太多了些，所以我寧願相信他曾經真心為我付出。

這一刻，我突然好想念他！

原來人真的要遠離家鄉，才會透徹明白自己心底真正的想法。在台灣時，我每天只忙著躲他、恨他，巴不得他就此消失，氣他居然陷我於這麼難堪的立場；可是一來到香港，自熟悉的朋友與環境中抽離，仔細聆聽自己心裡的聲音，才發現，原來還是會懷念那段相依相偎的日子，那已經是我人生裡美好的回憶之一，是我今生再也無法拋棄的牽掛。

傍晚，我們離開迪士尼，回到飯店附近的店家吃晚餐。

等待餐點送上桌的時候，小亞跟阿哲坐在我對面嘻嘻哈哈地笑鬧著，我則安靜地用手支著下巴，微笑地看著他們嘻笑。

「明天要去哪裡玩？」小亞看看阿哲，又看看我。

「去海洋公園玩，好不好？」阿哲提議。

小亞開心地說：「好啊好啊，蔓蔓，妳覺得呢？」

小亞問過我的名字，我自我介紹後，她卻堅持要叫我蔓蔓，她說她覺得「蔓蔓」聽起來很浪漫。

「我不去了，你們去就好。」

小亞臉上的笑容僵住了，她拉著我的手，失望地問：「為什麼？」

「我想回家了。」

「這麼快？為什麼呢？我們不是才剛來第三天，根本就還沒玩夠，怎麼妳一下子就要回家了？」

我笑笑，說：「因為我想家了。」

小亞定定地看著我，然後她笑了。

「雖然妳沒說，但我好像懂得妳的心情耶，一定是因為突然很想念某個人，所以妳決定回家了，對吧？」

不管是愛情、親情，或友情，必然都是因為有想念，才能延續情感。

我點點頭。有些事不一定要說破，能懂的人就會懂。

晚上，我打了通電話給林誼靖。

「喂，妳在幹嘛？」

當我對著話筒這麼問時，本來聲音還死氣沉沉，沒半點元氣的林誼靖突然像吃到什麼活力丸似地大吼起來：

「魏蔓宜妳這個死小孩，到底跑到哪裡去了啦？說好的電話聯絡呢？都一個多星期沒打回來啦，害我擔心妳擔心得要死，又找不到人訴苦，只好把沈珮好也拉下水，讓她陪我一起擔心妳，昨天我們兩個人講起妳，又抱頭痛哭了好一會兒。妳不在，沒人陪我喝酒，我只好把沈珮好培養成酒鬼三號，現在她也會喝酒了。」

「妳也太狠了吧！明知道沈珮好喝酒會起酒疹，還拉她喝。」

「沒人陪我喝，我很孤單耶，而且每次我喝酒，沈珮好就在一旁喝果汁，感覺我好像是在陪小朋友，真不爽快，所以只好訓練她！安啦安啦，我看她起酒疹也沒多嚴重，說不定多喝幾次後，她的酒疹會不藥而癒。」

「最好是啦！」我啐了一聲。

「啊，對了，妳現在到底在哪裡啦？什麼時候要回來？我很想妳耶。」

「我現在在香港。」

「妳去香港做什麼？」林誼靖誇張地大叫。

「當然是來玩啊。」

「那玩夠沒？什麼時候要回家？」

我嘻嘻一笑，說：「明天。」

林誼靖突然安靜了好幾秒，接著她爆出歡呼聲。

「明天幾點到？」她開心到連聲音都在顫抖。

「不知道，還沒畫位，我明天先去機場，確定班機後再打電話跟妳說，妳記得來接我。」

「好！記得打電話回來跟我說，我好去接妳。」

「知道了。」

掛上電話後，我撲向床，雙手抱著棉被，躺在床上心滿意足地笑了。

是的，我要回家了！歷經半個多月的旅行，我想家了。

我更想念的，是被我放在心底的那個人。

曾經讓我義無反顧的那個人。

當飛機準備下降時，我看著逐漸清晰的台灣上空，突然覺得這裡是我所見過最美麗的地方。

因為它擁有我所有的思念。

出了機場，我一眼就看到林誼靖跟沈珮妤，她們兩個人打扮得花枝招展，真不知道是來接機，還是準備要出國去玩的。

「搞什麼？妳們兩個人盛裝打扮是怎樣？」

拖著行李到她們兩個人面前，我不停不停地笑，一顆心突然變得好飽滿，好像瞬間有了足夠的勇氣，可以勇敢地面對一切。

「來接機當然要好好打扮一下，說不定會被哪個星探看到，挖掘我去當林志玲第二，那以後妳們要吃香喝辣就全靠我啦，哈哈。」

林誼靖還是不改搞笑本性。

「但我想，在妳成為林志玲第二之前，我們大概早就餓死啦。」沈珮妤俐落地回嘴。

林誼靖「嘖」了一聲，又白了沈珮妤一眼，然後拿走一件我手上的提袋，塞到沈珮妤手上，說：「話多！抱著。」

沈珮妤乖乖地抱著我的提袋，轉頭對我笑著：「好玩嗎？」

「還好。」我說：「跟妳們兩個人在一起比較好玩。」

「那妳還堅持要去，留在台灣不就好了？我跟沈珮好可以二十四小時陪妳。」

我嘻嘻笑：「總是要比較過後才能知道嘛。」

亮晃晃的陽光下，我們三個女人就這樣邊聊邊走，往停車場的方向邁進。

林誼靖向我報告我不在家期間發生的種種事情。

她說，她幫我繳了不少帳單，這些錢當然要連本帶利地向我討。

她說，她一個星期幫我打掃整間屋子一次，我理所當然要花錢請她去美容中心護膚加按摩背穴。

她說，她幫我接了好幾百通公司打來的電話，那些奪命連環叩，奪得她都快憂鬱症了。

她還說，她跟梁祐承打了幾次架……

「什麼？」我張大嘴，以為自己聽錯。

「其實也不算打架，大部分都是我打他，他沒有還手，不過有用手擋了我幾拳。」

「妳幹嘛打他啦！」我著急起來：「他有沒有怎樣？」

林誼靖靜靜地看了我一眼，淡定回答：「沒死。」

「廢話！要是他死了，妳還會在這裡？」我皺著眉，很緊張地又問：「他到底有沒有怎樣？不是跟妳說了，不要再跟他計較這件事了嗎？這是我跟他的事，只有我們兩個人知道箇中點滴，妳怎麼又……」

「我只答應妳不會在電話裡罵他，可是我也說過，要是讓我遇到他，我一定會狠狠揍他幾拳。我可沒有違反跟妳的約定唷。」

「可是……」

「誰叫他每天都像笨蛋一樣地守在妳家外面，我見一次就打一次，他這個人也挺強，被打了還不走，就像蟑螂一樣，生命力超強，打到後來，我都懶得再動手了，只好自動開啟無視功能，當他根本就不存在，哈哈。」

繞了一圈我才發現，原來心裡最最牽掛的，依然是你。

林誼靖在車上跟沈珮好吱吱喳喳聊個沒完沒了，我卻安靜地坐在後座，一句話也不搭腔。

我心裡想的全是梁祐承，想問問他為什麼要天天去我家守候，他等待的到底是什麼？他想要的，到底又是什麼？一句原諒，還是一個道歉？一聲對不起，還是一句我等妳？

……我好混亂。

也許所有的謎底都只能在見到他之後才能解開。

可是我卻不知道該用什麼心情去面對他，我已經不怪他，但那不表示我就有面對他的勇氣。

「喂喂喂……魏蔓宜，妳發呆啊？問妳半天妳都不回答，到底有沒有在聽？」

林誼靖獅吼般的聲音突然鑽進我耳裡，我瞬間清醒過來。

「咦……啊？妳們說什麼？」

沈珮好笑起來：「香港跟台灣應該沒有時差吧！」頓了一下，她又說：「林誼靖問妳晚餐吃什麼，去吃泰式料理怎麼樣？」

「都好。」

其實我哪裡還有胃口？聽見林誼靖揍梁祐承這件事，已經讓我擔心得整個人都慌亂得不知所措了，直想著梁祐承到底挨了林誼靖幾拳，那幾拳下手肯定都不輕，林誼靖小時候很野、手勁很大，國小時她爸怕她會被男生欺負，讓她學過一段時間的跆拳道，國中時她還跟男生打過架，把個子比她高半顆頭的男生打到哭得一把鼻涕一把眼淚，她媽媽還押著她去男生家道歉……

林誼靖那麼痛恨梁祐承，揮起拳頭來，絕對不會太客氣……梁祐承肯定被打得很痛吧！

一顆心就這樣懸著、盪著，想打電話問問梁祐承好不好，卻還是會怯懦……也許是因為太愛了！曾經把對方看成是自己的生命，一旦失去了，就會變得比誰都要膽怯，害怕再次見面、害怕聽見對方太幸福的消息、害怕他可能已經不再在意我們共有的那些曾經……

泰式料理一向是林誼靖的最愛，她那個人敢愛敢恨，個性跟泰式料理一樣又酸又辣！

我扒著白飯，一句話也不說地專心吃著，林誼靖不時拿好奇的眼睛看我，沈珮妤也是。

我不是沒看到她們兩個人不時投遞過來的關心神情，但此時此刻，我卻什麼話也不想說。

我想我需要時間好好沉澱一下。

吃過飯後，沈珮妤提議去陽明山看夜景，林誼靖連忙附和，一點也沒有顧慮我這個主角是不是累了，想不想回家睡覺。

算了！看她們兩個人興致高昂，我也不想潑冷水，難得沈珮妤有這個興致也很好，她那個人平常最討厭上山看夜景，她總說她怕鬼。

林誼靖一路開車上山，她依然一邊開車一邊跟沈珮妤聊得起勁，我還是自顧自地沉默坐在後座。

她們聊什麼，我並沒有認真聆聽，反正大概就是一些瑣碎雜事。

上了山，林誼靖把車停在以前梁祐承常帶我去看夜景的那個位置。

景物依舊，人事全非。

我突然確切明白「觸景傷情」這四個字的感受……那麼深、那麼痛！

「哎呀！我忘了買啤酒！」林誼靖突然大叫。

「買啤酒幹嘛？」我問。

「看夜景當然要喝啤酒外加大喊『乾杯』才爽快嘛！」林誼靖笑：「而且妳也要親自驗收驗收我用心栽培的酒鬼三號，驗收過關，我下次就來訓練她喝威士忌……」

沈珮妤出聲抗議：「喂，妳也太得寸進尺啦！」

林誼靖嘻嘻笑：「我先去買啤酒啦，沈珮妤妳陪著魏蔓宜，我馬上回來。」

說罷，她蹦蹦跳跳地跑掉了。

「走吧！我們到前面坐坐。」

沈珮妤拉拉我的手，就像學生時代時那樣，她的手心很溫暖，感受到她的掌心溫度，我躁動的心慢慢平靜下來。

一樣的夜景，一樣的星空，一樣的車河，但我身旁已經沒有一樣的他了。

「要是妳開口，我就會跳上去，幫妳摘天上最美的那顆星星送妳。」

很久以前，他曾經說過這樣的話，逗那時心情不好的我笑。

「笨蛋！這麼老的梗，你也講得出口！」我記得那時我是這麼回應他的。

「老梗有什麼不好？老梗若能逗妳開心、讓妳笑，那就是好梗。」

那些畫面還歷歷在目，像一幕幕定格圖片，永存心頭。

唉，我好想你，梁祐承……

見我安靜不說話，沈珮妤開口問我：「妳還好吧？」

我側過頭看看她，笑著：「還好。」

「是不是還介意梁祐承因為我才接近妳的事？」

我搖搖頭：「其實我們在一起的那段時間，他也是真的付出過，也許他的出發點真的很讓人心寒，但那些悉心照顧的日子，我卻不能當作不曾存在。他總是在我最需要人陪的時候，二話不說就出現在我身邊，如果我因為他的出發點而否決掉他曾經的付出，那對他也太不公平了。」

沈珮妤定定地看著我，許久，她的唇角微微上揚：

「魏蔓宜，妳變了！我認識的妳從來就不是這麼豁達的人，雖然妳總是開朗、給人很陽光的感覺，但在感情裡，妳其實很鑽牛角尖的……」

「我現在還是會鑽牛角尖呀！沈珮妤，我不能否認，前些日子裡，我怨恨過妳，那時我覺得我會遇到這麼倒楣的事，全是因為妳。可是這些想法並沒有存在我心裡很久，因為林誼靖點醒我，讓我知道妳雖然是起因，卻沒有任何應該要承擔過程或結果的責任。」

我挽住沈珮妤的手臂，把頭靠在她的肩膀上，繼續說：

「我去香港時認識一個女孩子，她跟我說了很多話，雖然都只是些平常的話，卻讓我想通很多事情。愛情或許可以不斷重來，人生卻不行；讓我們付出愛的人或許會不斷出現，但最愛的那一個，卻永遠只是唯一……」

「所以，如果梁祐承出現在妳面前，跟妳說對不起，妳會原諒他嗎？」

「我已經不怪他了。」

「那如果他說要重新追妳，重新開始一段你們兩個人的新故事，妳會陪他一起走下去嗎？」

「那要看他的誠意。」我看著眼前川流不息的車河，幽幽地說：「我原諒他，並不代表這件事在我心裡沒有留下陰影，疙瘩其實還在，我不確定我要用多久的時間才能遺忘，所以如果他真的有勇氣要繼續，他就必須概括承受我的情緒反覆，或許我還會多疑、不信任、鬧脾氣、耍個性……我覺得現階段的我，並非擁有最好狀態，所以跟我在一起，或許只會受氣。」

沈珮妤不再說話，她拍拍我的背，輕輕的，一下又一下。

良久，她才說：

「雖然妳總是說沒關係，不關我的事，但我知道，其實自己一直欠妳一句對不起。」

「說沒怨過是騙人的，可是現在我心裡是真的不怪妳了，所以這是最後一次聽妳跟我說對不起，以後再說，我就真的要生氣了。」

「所以，還是好朋友？」

「當然。」我笑，真心誠意地說：「一輩子的。」

沈珮妤停了一會兒，又開口：「其實，我幾天前在路上有遇到梁祐承。」

一聽見他的名字，我的心又像被針刺了一下般，雖然臉上還是不動聲色，但心頭的震顫是騙不過自己的。

「他過得並不好，看起來憔悴很多，眼睛也不再有神，我們聊了一會兒，他說他很想念妳，失去後，才明白原來他真正喜歡的人是妳……」

我聽著，眼眶迅速發燙發熱，不讓沈珮妤再有說下去的機會，我連忙開口：

來。

「都過去了，沈珮妤，都過去了……」我怕她再說下去，我真的會把持不住地哭出

「可是你們這樣好可惜！明明那麼合適，明明那麼相愛，卻分開……」

「愛情是不能用『可惜』來延續的，如果沒有心，再可惜也沒有用。」

讓我們付出愛的人或許會不斷出現，但最愛的那一個，卻永遠只是唯一。

林誼靖過了大約半個多小時才回來，她一回來就大聲叫沈珮妤過去幫忙，說她買了一大堆東西提不過來。我本來也要過去幫忙，她卻說兩個人就夠了，我這個剛歸國的遊子就乖乖坐著等吃就好。

拗不過林誼靖固執的牛脾氣，我只好坐在原地等她們兩個人回來。

不多久，一個腳步聲靠近我，安靜地坐在我身旁。

我正仰頭看著天上的星空，梁祐承教過我要怎麼看每個季節的星座排列，雖然我老是搞不清楚哪顆星是哪顆星，怎麼排列組合才能排成季節星座，但望著滿天星子璀璨又閃爍，認不認得出季節星座，其實一點也不重要。

「東西呢？提不過來的話說一聲，我也可以幫忙……」

說完，我往身旁一瞧，整個人瞬間呈現當機狀態。

為什麼梁祐承會在這裡？

沈珮妤沒有騙我，梁祐承確實過得不好，他真的比我最後一次看到他時還要憔悴許多，也更瘦了，臉上沒刮乾淨的鬍渣讓他多了滄桑感。

「妳好嗎？」他問我，聲音輕得像風拂過我的耳邊，一下子就不見了。

我點點頭，「你呢？」

真意外！我曾經以為如果我們再度見面，場面一定很尷尬，或許還會找不到話題聊；但真的再相逢時，居然能這麼平靜地問候對方，毫不困難地交談。

「我不太好。」他微笑，那笑裡有苦澀、有難過、有勉強，還有許多我不懂得的千頭萬緒。「我天天去妳家門口等妳，但妳沒出來，倒是林誼靖打了我很多次，她真凶！」

聽到他講的最後那三個字，我忍不住笑了。

「對啊！她真凶！我以前告訴過你的。」

「我那時以為妳只是在嚇唬我。」

「我幹嘛嚇唬你？」

「女生總是喜歡嚇唬自己的男朋友，不是嗎？」

「好像是！」我還在笑：「不過林誼靖凶是事實，這件事我可沒騙你。」

「我那時看她老是瘋瘋癲癲，又常常笑嘻嘻的，所以沒把妳的話記在心上，直到她的拳頭揮過來，我才明白妳是真的在提醒我。」

我認真地看著他，關心地問：「她打人很痛吧？你有沒有怎樣？」

「皮肉傷而已，痛過就好了。」梁祐承看著我，黝黑的眼瞳裡散發著微弱光芒，他指指自己心臟的位置：「真正痛的是這裡。」

我假裝沒聽見，低下頭，看著自己的鞋尖。

梁祐承又小心翼翼地開口問我：「妳還在生氣嗎？」

「都過去了，再生氣也是曾經了。」

「我一直欠妳一句對不起。」他說：「對不起，魏蔓宜。」

我的鼻子酸了起來，原來他那些日子守在我家路邊，為的就只是跟我說一句對不起！

「沒關係，都過去了。」我居然還有力氣逞強。

「這些日子妳去了哪裡？」

「繞了台灣一圈，後來又去了香港。」

「收穫多嗎？」

「還不賴。在香港，每個人都可以成為閃靈殺手，那裡的每一樣東西看起來都很吸引人，不買會覺得對不起自己。」

「聽起來好像很不錯，下次我也去玩一玩。」

我的心情瞬間下沉，他說「我」，沒說「我們」，所以他是在直述，不是邀約。

「你為什麼會來這裡？」我問他。

「林誼靖打電話給我，說妳在這裡。」

我有些震驚，林誼靖不是跟他誓不兩立嗎？怎麼會打電話給他？

「你們什麼時候變得這麼麻吉？」

「也不算麻吉，不過有句話是這樣說的：不打不相識。」梁祐承笑著：「我覺得這句話講得真妙。」

「所以……林誼靖跟你說我在這裡的用意是什麼？」我還是不明白。

「妳覺得呢？」

我聳聳肩，心裡想，我覺得她是沒事找事做！她以為叫你來，我就會哭著說我還愛你，讓我們回到過去吧……雖然我真的還愛你，也還想跟從前一樣，安靜地依偎在你身旁，但我到底還是有自尊，有我自己的驕傲。

愛一個人雖然會讓我變得卑微，但我還沒有卑微到要去向你乞求一段感情。

「魏蔓宜，我有沒有跟妳說過，其實只要妳開口，我就會跳到天上去，摘一顆最亮的星星給妳？」

他說完我就笑了：「好老的梗，你以前說過了。」

「老梗未必不好，能讓妳笑，就是好梗。」

「這句話你以前也說過，可見這些話你常講，這是你用來把妹的話術嗎？」

「我這輩子只把過兩個妹，一個出師未捷身先死，一個就是妳。」梁祐承說：「出師未捷的那個是我這輩子無法完成的夢，但我後來明白，正因為它遙不可及，所以我把它美化了，以為遠在天邊的才是最美的，但其實最好的早就已經在身邊了。」

我沒看他，也不說話。

梁祐承說的那些話，多少在我心底激起漣漪，一圈又一圈，由小到大，慢慢擴散。

「魏蔓宜，我知道或許現在說什麼都是多餘，但有一件事我一定要讓妳知道，我天天守在妳家外面，並不單純只是想對妳說聲對不起，我當然知道妳氣我，也知道自己真的對不起妳，可是我更想說的是，我會等妳，等妳回心轉意，等妳回過頭來，重新牽起我的手……我知道自己很笨，傻得就像電視劇裡那些男女主角那樣，非得要失去了才知道誰才是自己生命裡最珍貴的……我不說了，再說下去就真的是了無新意的老梗了，反正妳始終都是懂我的，有些事只要妳知道、妳明白就好，其他人怎麼想、怎麼說，我都不在意了。」

我感覺自己的眼眶濕濕的。

然後我站起來，回過頭去，看了一會兒，才終於看到林誼靖的車，原來她們兩個人沒有偷跑，大概是躲在哪裡等著看這場終極大復合會不會成功，要是不成功，我至少也不用擔心會落單沒人載回家。

「今天就這樣吧！我很累，先回家了。」我看著梁祐承：「你回家的路上開車開慢點，晚安。」

說完，我也沒給梁祐承任何說話的機會，轉身就往林誼靖的車子方向跑去。

人還沒跑到車子前，我身後就有腳步聲追上來。

我根本不用回頭就知道是誰。

「妳這個死小孩，幹嘛叫梁祐承來？也不先講，害我一點心理準備都沒有。」

「講了妳肯定會臨陣脫逃。」林誼靖跟沈珮妤一人一邊地跑到我身旁，林誼靖說：「不過妳在耍什麼酷啊，明明愛他愛得要死要活的，幹嘛不乾脆點，答應他的求和就好啦！」

「妳什麼時候倒戈得這麼徹底呀？居然幫著敵軍來跟我談和！他花多少錢收買

妳？」

「我們這是英雄惜英雄！我也是跟他聊過之後，才被他的誠心感動。」

「所以？」

「所以妳真的不打算跟他復合喔？妳都不知道，他昨天知道妳今天要回來有多高興嗎？他笑得嘴都要咧到耳朵去了，昨天晚上肯定開心了一整晚都沒睡，今天早上還一直打電話問我妳到底幾點的班機到，連沈珮妤都能感覺到他是真的在乎妳，對不對？沈珮妤！」

「沒錯呀。」沈珮妤跟著附和：「他是真的很在乎妳呢。」

「在乎有什麼用？擁有的時候不懂珍惜，失去了才後悔，全世界人類的通病！」

終於來到林誼靖的車前，她用中控鎖解了汽車鎖，我開門坐進去。

「魏蔓宜，妳不會是認真的吧？妳真的不打算原諒他？」

林誼靖一坐上駕駛座就焦急地轉過頭來盯著我。

「妳那麼緊張幹嘛？妳拿了他什麼好處？還是妳跟誰打賭，賭金很高嗎？」

「妳神經病啊！我拿妳的幸福去打什麼賭？我有這麼喪盡天良嗎？」

「既然沒有，那妳好好看戲就好了，窮緊張個什麼勁？」

我話一說完，林誼靖果然乖乖閉嘴。

「他讓我心裡那麼痛苦，也該讓他嚐嚐苦頭，哪能他一放低姿態，我就馬上順應他的種種請求，這樣不是顯得我很沒有個性嗎？」

返家的路上，我的話在一片寧靜的車子裡輕輕響起。

有時候，以退為進是最好、最有效的方式，尤其在愛情裡。

有時，我們會以為遠在天邊的才是最美的，但其實最好的早就已經在身邊了。

隔天一早醒來，我便忙著給公司回電話，然後去公司開會。

接著我去電信公司繳費恢復手機通話，又打開了好久沒開機的手機，一則一則地閱讀梁祐承在我關機後傳進來的訊息，看著那些訊息，我又是哭又是笑，整個心情隨之起伏。

下午去跟這次合作的劇組開了一個會，溝通一些概念及想法，走出會議室時，天色已暗。

我的這一天過得既忙碌又豐富，唉！

開車回家時，我果然在我家路邊看到梁祐承的車。

我把車停在他的車前，下車時，他也從車上下來了。

一看見我他就笑了，還是像從前那樣，那笑容孩子氣得很可愛。

我說：「你打算天天在這裡站崗嗎？我可不會付你錢喔。」

「沒關係，我只是為了看我愛的女孩一眼，若能天天都看她一眼，我就心滿意足了。」

他這句話確實有說到我心坎裡！

「所以，除了每天看她一眼，你還有沒有什麼話要跟她說？」

「我記得我們兩個人剛開始交往時，我曾經對她說：『既然決定牽手，就不要隨便放開。』可是她現在放開我的手了，所以我還在等，等她重新牽起我的手，然後再次鄭重地對她說：既然決定牽手，我就不會再放開她的手了。」

一個星期後，梁祐承跟我復合了。

林誼靖知道後直罵我既沒骨氣也沒個性，還沒原則。

「不是說要給他嚐點苦頭嗎？讓他多等妳一個星期就叫嚐苦頭？」

「妳也知道，在愛情的階級裡，我充其量也只是個幼幼班的小朋友，哪有什麼花招可以用？我根本就不知道要怎麼折磨他，而且我看他每天都在路邊等我，那樣子好可憐！他的腦子是用來想漫畫劇情的，不是用來討好我的。」

「又來了，妳又來了……」林誼靖受不了地大叫：「怎麼才一和好，妳的口頭禪就又出來啦？什麼他的手是用來畫畫的，不是用來幹嘛幹嘛的；他的腦子是用來想漫畫劇情的，不是用來幹嘛幹嘛的……妳可不可以不要這麼以夫為貴啊？」

「我說的是實話嘛，關以夫為貴什麼事？」

「真受不了妳！早知道你們和好就又要開始惡毒地閃瞎所有人的眼睛，當初就不該自告奮勇幫你們製造機會，應該讓你們多磨些時間再和好。」

「做人不要這麼壞心。」

「對啦，我壞心啦！哼，不懂得感恩的傢伙！」林誼靖瞪我一眼，接著又說：「好啦！有件事情我也要跟妳報告一下。」

「什麼事？」

「這陣子在妳這裡也打擾好久了，明天我想搬回家了。」

「咦？好端端的，幹嘛要搬回去？」我馬上捨不得起來，挽住林誼靖的手，說：「我已經習慣妳住在這裡了，每天睜開眼睛都能看到妳，吃飯聊天也都有人陪，我很喜歡這樣的日子呢！妳突然要搬回去，我一定會很不習慣的。妳不要回去啦，留下來陪我嘛，反正這裡又不是沒房間，而且兩個人住一起也有個伴，這樣不是很好？」

「可是我也不能這樣一直打擾妳呀！而且我找到新工作了，新公司就在我家附近，搬回家住，上班也比較方便。」

於是我不再堅持，林誼靖向來都是我們三個人裡最有主見的那個，她必然是經過深思熟慮，才會做下決定的。

為了告別我們短暫的同居歲月，我堅持要幫她辦一場歡送會。

「妳還真是有病耶！又不是不見面或是相隔千里，這樣也要辦歡送會？」

林誼靖啼笑皆非地罵我，但我才不管，用認真的語氣跟她說了聚餐時間跟地點，還說：「那天梁祐承會來接我們，妳最好動作快一點，別讓沈珮妤跟她男朋友在餐廳等太久。」

歡送會那天，梁祐承準時來接我們，也很準時地把我們送到聚餐地點。

在餐桌上，沈珮妤重新介紹兩個男生認識彼此。

我偷偷觀察梁祐承的表情跟言行舉止，發現他似乎真的已經不再介意沈珮妤的新男友，兩個人還能很起勁地聊起許多球類運動、時事經濟、社會政策，甚至是線上遊戲。

看來梁祐承是真的放下了。

吃過飯，林誼靖說她想直接回她家，於是我們在餐廳門口跟沈珮妤和她男朋友道別，又送林誼靖到家後，梁祐承才開著車送我回家。

在回家的路上，我靜靜地看著他，不發一語。

「怎麼啦？幹嘛這樣看我？」

梁祐承被我看得不自在了，便伸出右手，假裝要摀我的眼。

我拉住他的手，用自己的兩隻手輕輕握著。

「你是不是真的不在意沈珮好了？」

「真的不在意了。」

「可是她不是你堅持了好久的夢想嗎？」

「對我而言，她是星星，是懸在夜空裡散發璀璨光芒的星星，雖然漂亮卻遙不可及。」梁祐承轉頭過來看我一眼，慢慢地把車滑向路邊，停下來，「但妳不同，妳是這個。」

他打開車子置物盒，從裡面拿出一個墨綠色絨布盒，打開盒子，裡面放著一枚鑽石戒指。

「妳是鑽石，美麗、珍貴、耀眼奪目，卻離我很近，是可以讓我捧在手心珍惜的人。」

我盯著他手上那枚鑽戒，眼睛睜得大大的，一瞬也不瞬地看著。

並不是貪戀他手上那枚漂亮的鑽戒，雖然它真的很美，可是我更驚訝的是梁祐承怎麼會花錢買下這枚鑽戒！他曾經說過，如果有一天他買了鑽戒，那必定是有個女孩徹底佔據了他的心，讓他燃起想與她共度一生的念頭，他才會為此付諸行動。

我的心跳開始加速，猜測他接下來會怎麼說。

「妳看，這枚鑽戒美不美？」

我很用力地點頭，唇際的弧線微微上揚。

「我也覺得很美。」

梁祐承朝我笑了笑，他一笑，我也就跟著笑了，接著，他「啪」的一聲蓋上戒指盒，說：

「好啦，妳看過了，那我收起來了喔。」

我的感動瞬間蕩然無存，笑意僵在嘴邊。

傻了幾秒鐘後，我才瞥見梁祐承嘴邊戲謔的笑意，馬上明白我被他耍了！

「你這個死小孩，耍我？你竟然敢耍我！不想活了嘛你！」我一邊罵一邊打，打得他哈哈大笑。

他抓住我的手，笑意始終不曾退去，又說：「不要打了啦，會痛耶，萬一把我打死了，妳嫁給誰去？」

他不說還好，一說，我又想打他了！

「講那什麼鬼話！我嫁給誰關你什麼事？打死你也不妨礙我嫁人啊！」

「我看妳以後還是少跟林誼靖在一起好了，才同居沒幾個月，就把她拳打腳踢的功夫全學會了，我深深感覺我以後的日子肯定不會太好過。」

「你知道就好！」

「那我現在反悔還來得及嗎？」

「戒指都拿出來了，你覺得還來得及嗎？」

「但我還沒套在妳手上啊。」

「你不用套，我自己來就可以了。」

「女生怎麼可以這麼主動？太壞了！」

「女生不壞一點，男生怎麼會愛？」

我其實很開心，能跟梁祐承用這麼幼稚的方式鬥嘴，對我而言，真的是生活中的小確幸。

雖然他這個人確實有些悶悶的，很多話他都不習慣說出來，但有些話，即使他不說，我卻是能懂得的，或許這就是我跟他的默契。

而我相信，這些默契一定能夠持續到很久很久以後，直到我跟他都白髮蒼蒼時，只要相視而笑，就能完全明白彼此心裡的想法。

最後你說，你想要一輩子都牽著我的手，慢慢走，走到永恆。
於是我哭了，幸福的淚滑過臉畔，滴落下來，那才是世界上最美的鑽石。

【全文完】

·後·記·

故事的起源

每個故事都有個起源。

這個故事的起源是這個樣子的。

曾經有人問過我關於作家的生活，他覺得，也許作家們的生活比較多采多姿，戀愛經驗也異常豐富，所以可以寫出這麼多的故事。

或許別的作家擁有多采多姿的生活，也能周旋在一段又一段的感情之中，然而我並不是這樣的。

我的生活很單純、很平淡、很無聊。

也正因為有這麼單純平淡又無聊的生活，所以我才能有那麼多的時間，寫出那麼多的故事。而說到戀愛經驗，我覺得這跟創作內容沒有絕對的正比，至少我是如此。

於是，源起於這樣的一個好奇心，便成了我寫這個故事的起頭，也因此，我讓故事中的主角成為一個說故事的人，讓她的日子十分單純、平淡又無聊，而戀愛，也就只談這麼一回。

其實寫故事的人大部分都是很長情的，不過也因為感覺總是十分纖細，所以在很多時候特別會鑽牛角尖，把自己弄得很累，也造成對方的負累。

創作這個故事時，我一面寫一面剖析自己的感情觀，愈寫到後來，我愈覺得整個故事好像是在寫我自己，雖然我的愛情沒這麼悲慘，但很多方面，我的故作堅強、我的勉強微笑、我的自怨自艾，都投影在故事主角身上。

本來我只想寫一個說故事的人與她的好朋友們的故事，但故事寫完後，卻又突然覺得，這樣的故事或許還能有所延續，畢竟那三個女生都擁有自己特別的性格，也擁有自己完整的故事。

她們不必依附著誰才能生存，卻又能毫不衝突地與自己個性截然不同的另外兩個人相偎相依；她們都渴望幸福，也期待被愛，卻又害怕在愛情裡迷航，失去自己。

在這個故事敲下最後一個字的同時，另一個故事卻悄悄在腦海裡築出雛形。

或許愛情之於我們，不僅僅是華麗的奢侈品，更是不可或缺的必需品吧！

於是我決定，再度以愛為名，讓她們的故事，以另一個人為主角，重新啟航。

我希望它會是一部愛情與友情並肩作戰的系列故事，而我更希望，這樣的故事，能得到你們喜歡的支持，那麼，即使是再寂寞的創作過程，也都變得無所謂了。

Sunny

國家圖書館出版品預行編目資料

你有多重要，我怎麼失去了才知道／Sunry著. -- 初版. --
臺北市：商周出版：家庭傳媒城邦分公司發行, 2013. 2
面：　公分. -- （網路小說；211）

ISBN 978-986-272-321-0（平裝）

857.7　　102001258

你有多重要，我怎麼失去了才知道

作　　者／Sunry
企畫選書人／陳思帆
責任編輯／陳思帆
版　　權／翁靜如

行銷業務／李衍逸、蘇魯屏
總 編 輯／楊如玉
總 經 理／彭之琬
發 行 人／何飛鵬
法律顧問／台英國際商務法律事務所　羅明通律師
出　　版／商周出版
城邦文化事業股份有限公司
台北市民生東路二段 141 號 9 樓
電話：(02) 25007008　傳真：(02) 25007759
Blog：http://bwp25007008.pixnet.net/blog
E-mail：bwp.service@cite.com.tw
發　　行／英屬蓋曼群島商家庭傳媒股份有限公司城邦分公司
台北市民生東路二段 141 號 2 樓
書虫客服服務專線：(02) 25007718、(02) 25007719
服務時間：週一至週五上午09:30-12:00；下午13:30-17:00
24 小時傳真專線：(02) 25001990、(02) 25001991
劃撥帳號：19863813；戶名：書虫股份有限公司
讀者服務信箱：service@readingclub.com.tw
城邦讀書花園：www.cite.com.tw
香港發行所／城邦（香港）出版集團有限公司
香港灣仔駱克道193號東超商業中心1樓
E-mail：hkcite@biznetvigator.com
電話：(852)25086231　傳真：(852) 25789337
馬新發行所／城邦（馬新）出版集團【Cité (M) Sdn. Bhd.】
41, Jalan Radin Anum, Bandar Baru Sri Petaling,
57000 Kuala Lumpur, Malaysia.
Tel: (603) 90578822　Fax:(603) 90576622
email:cite@cite.com.my

封面設計／黃聖文
排　　版／新鑫電腦排版工作室
印　　刷／高典印刷
總 經 銷／高見文化行銷股份有限公司
電話：(02) 26689005　傳真：(02) 26689790
客服專線：0800-055-365

■2013 年 2 月初版
■2016 年 5 月 16 月初版5刷
Printed in Taiwan

定價200元

城邦讀書花園 www.cite.com.tw

　ISBN　978-986-272-321-0

商周出版

廣　告　回
北區郵政管理登
台北廣字第00079
郵資已付，免貼

104台北市民生東路二段141號2樓

英屬蓋曼群島商家庭傳媒股份有限公司　城邦分公

請沿虛線對摺，謝謝！

商周出版

書號：BX4211	**書名：**你有多重要，我怎麼失去了才知道　**編碼：**

請於此處用膠水黏貼

商周出版

讀者回函卡

謝您購買我們出版的書籍！請費心填寫此回函卡，我們將不定期寄上城邦集
最新的出版訊息。

姓名：______________________

性別：□男　□女

生日：西元 ________ 年 ________ 月 ________ 日

地址：______________________

聯絡電話：________ 傳真：________

E-mail：______________________

職業：□1.學生 □2.軍公教 □3.服務 □4.金融 □5.製造 □6.資訊

□7.傳播 □8.自由業 □9.農漁牧 □10.家管 □11.退休

□12.其他 ______________________

您從何種方式得知本書消息?

□1.書店□2.網路□3.報紙□4.雜誌□5.廣播 □6.電視 □7.親友推薦

□8.其他 ______________________

您通常以何種方式購書?

□1.書店□2.網路□3.傳真訂購□4.郵局劃撥 □5.其他 ________

您喜歡閱讀哪些類別的書籍?

□1.財經商業□2.自然科學 □3.歷史□4.法律□5.文學□6.休閒旅遊

□7.小說□8.人物傳記□9.生活、勵志□10.其他 ________

對我們的建議：

____

____

____

____

請於此處用膠水黏貼